授業力上達の法則1
黒帯六条件

学芸みらい教育新書⑯

向山洋一
Mukoyama Yoichi

学芸みらい社

まえがき

体育館で公開授業をする。参加者は全国各県から千名を越える。こうした授業を公開する人を「授業の名人」と呼ぶ。ＴＯＳＳは、向山先生、谷先生、伴先生そして有田先生、野口先生等々。こうした公開授業を数多く実施してきた。参観した多くの教師は、あのような授業をしたいとあこがれた。

授業がうまくなるためには、教師修業をするほかない。名人・達人には誰でもがなれるわけではないが、プロの域＝黒帯＝初段程度には、教師修業をすれば、誰でもなれる。授業の名人の目安を一つ挙げれば、研究授業・公開授業を五〇〇回以上経験した教師である。

黒帯になるための方法、つまり「上達論」は今までの教育界にはなかった。教育技術法則化運動・ＴＯＳＳが、初めて「上達論」「上達法」を教育界に導入したのである。

この本は、教育の世界における「プロの技量」を初めて世に示した本である。プロ教師への上達方法を初めて示した本である。

本書では、法則化運動・ＴＯＳＳが提案してきた一つの上達法「黒帯六条件」を示した。黒帯六条件を実践すれば、誰でも「プロの入り口」まで到達できるというものである。全国で、何千人もの二〇代、三〇代教師がこの六条件に挑戦している。

「自分は力のない教師だ」と思う教師には、この上ない力強い支援の書となるだろう。

「自分の力はまんざらでもない」と思う教師には、衝撃の本になるだろう。

本書はそうした若い教師のための連帯の書であり、挑戦の書でもある。多くの若い教師が、プロ教師への道を歩み出されんことを心から願っている。その方法はもちろん、人によって異なるだろう。

この本は、分かりやすい上達法を六条件として提案している。さらには、黒帯六条件をクリアするための一〇の段階をステップ10として示した。いかなる道程でもそうだが、「まず一歩」を踏み出さなければならない。そこで、「黒帯六条件ステップ10」では、入門クラス（10級）として、次の目安を設定した（本書、一七七頁参照）。

一　すぐれた技術・方法を身に付ける　10
二　すぐれた授業の追試から学ぶ　5つ以上
三　TOSSランドコンテンツをつくる　5本以上
四　研究会に参加する　10回以上
五　公的な場で研究授業をする　5回以上
六　身銭を切って学ぶ　10万円以上

以上の条件をすべてクリアして、入門クラス（10級）である。

まともに教師修業をしてきた人ならば、簡単にクリアするレベルだろう。

しかし「まともな教師修業をしない」で「自分の力量に対して、心ひそかに自信を持っている人」には、これだけでも結構大変だろう。

私は、新卒一年目の時に、大小合わせて一〇回ぐらいの研究授業をしているから、新卒半年くらいでクリアした水準である。

二〇代ならやる気があれば一気に通過できるはずだ。しかし、三〇代後半から四〇代は大変だと思う。問題は自分自身との闘いに勝てるかどうかである。

ぜひ挑戦し、プロの入り口に立ち、さらにＴＯＳＳ授業技量検定で高段を目指していかれんことを願って止まない。

向山洋一

目次

第5章　黒帯六条件　その四
――研究会に一〇〇回出席せよ　99

第1章

黒帯六条件

1　黒帯六条件

黒帯六条件とは次のとおりである。

その一　すぐれた技術・方法を一〇〇学べ

アマでは決して分からない方法がある。たとえば「最後の行動まで示してから子供を動かせ」、あるいは「ラジオ体操の手足の運動の指導」、このような方法を一〇〇身に付けろということである。

その二　すぐれた授業の追試を一〇〇せよ

世に聞こえた授業がある。野口芳宏氏の「うとてとこ」の授業、有田和正氏の「バスの運転士さん」の授業。このような折紙付きの授業を一〇〇追試せよということである。

その三　研究授業を一〇〇回せよ

大小いかなる研究授業でもいい。しかし必ず教師の参観者がいること、指導案を書いていること、分析を文章で行っていることが必要である。私は新卒の年、一〇回の研究授業をした。

その四　研究会に一〇〇回出席せよ

ただし、条件が二つある。第一は本音で「駄目な授業だった」と語れること。第二は自分が文書で提案していること。

自分が文書で提案していない研究会では、出てもたいして力にはならない。自分が文書で提案しなかった場合は、出席回数に数えない。

なお、現在のTOSS中央事務局の原点である京浜教育サークルは、毎回ファイル一、二冊分の提案があった（三〇年間ぐらいずっとである）。

その五　公的論文を一〇〇本書け

論文を書くつらさは、書いてみないと分からない。どうでもいいことなら書ける。しかし、役に立つこと、発問・指示を明確にすることとなると書けなくなる。

今まで自分は何をしてきたのかと思うからである。それでも無理して書く。みんなに叩かれる。そして、一〇〇本書き終えた頃、いろいろなものが見えてくる。

TOSSランドのコンテンツを作ることも力になる。TOSSランドは、多くの先生方がボランティアで作っている。法則化論文や自らの実践をまとめてインターネット上に公開したものである。コンテンツが二万以上。海外からのアクセスもあるほどの、教育界一のポータルサイトである。

その六　身銭を切って学べ

公費で学ぶことも大切だが、自分の力量を上げたいのなら身銭を切ることだ（目安として本代、合宿代、講座代など合計して一年に一〇〇万円程度）。

いかなる仕事の人でも、仕事の技量を上げるのには、身銭を切るのである。子育ての最中で、経済的につらい時もあるだろう。しかし、できる範囲で学ぶことだ。金はあとからでもためられる。しかし、実力は若い時に身に付けるしかない。

以上の六条件を全部クリアして、プロとして最低限の水準にたどり着いたということである。

2　子供に対する誠実さ

（1）名もなく貧しく美しく

教師になった時、私は「良い先生になりたい」と思っていた。「子供にとって価値のある教師になりたい」と思っていた。

できたら、教職を去る時に「一冊の本」くらい教育の世界に残したいと思っていた。しかしそれは、私にとっては「はるかに遠い遠い世界」のことであった。空のかなたの夢の世界のことであった。

私には「教育」についての知識がなかった。教職の教養もなかった。私には、「論文を発表」できる伝《つて》は何もなかった。「投稿」などという方法も知らなかった。「良い教師」になることも「いつか本を書ける教師」になることも、私にはひどく難しく思えた。「絶望的であった」と言っていいだろう。しかし、私はそのことに悲観はしていなかった。教育の世界にひっそりと生きて、ひっそりと去っていく――それでいいと思っていた。

「名もなく貧しく美しく」ではないが、そのような教師の生き方もいいと思っていた。現在でも、当時の私と同じように考えている教師は多いだろうと思う。世に知られてはいないけど、教師の仕事に真剣であって、良い仕事をしている教師は一杯いるだろう。

当時、「名もなく貧しく美しく」というような教師生活を送っていた私であるが(そしてそれがずっと続くだろうと思っていたのであるが)、自分自身に課していたことがある。

それは「プロの教師」になるということである。

プロの教師とは、「センスの良い教師」が手の届かない境地である。私が「人の師」の名において子供の前に立つのであれば、自分自身がそれにふさわしい「プロ」であることが必要である。

アマの医師が、プロとして患者の前に立っていいのか?

アマの大工が、プロの大工として施主の前に立っていいのか?

アマのパイロットが、プロのパイロットとしてジェット機を操縦していいのか?

言うまでもない。「アマ」なのに「プロ」として立ってはいけないのである。そうすることは、相手の人に対する犯罪行為なのだ。教師が「プロ修業」をすることは「子供に対する誠実さ」なのである。私が病気になった時に医師に求める誠実さを(勉強を)、私もまた子供に対して示していかなければならないと思ったのである。

（2）私の教師修業の方法

私の教師修業は、誰に言われるともなく始まった。

教師修業といっても、当時の私は何をしていいのか分からなかった。いや、私に限らず、教師としての「プロ修業の方法」を示せる人は少なかっただろう。

私は我流で始めるしかなかった。我流ではあったが「このようなことをしよう」と考えたことはあった。それは、プロはアマと比べて次の二つを持っているということである。

> A　プロは、対象を見て瞬時に細かく類別できる。
> B　プロは、アマが真似することのできない技術・方法を持っている。

たとえば、私たちが一枚の絵を見たとする。

私たちには漠然としかとらえられないものが、プロにはいくつにも分解してとらえることができる。稲を作る人も、田を見ただけで、いろいろなことを見ることができるだろう。

プロはそのように、アマが見ることができないものを見ることができるだろうと思ったのである。Bについては、言うまでもないだろう。

およそいかなるプロも、アマには真似することのできない技術・方法を持っている。私が新卒の時始めた方法は、次のことであった。

子供が帰った教室はひっそりとしていた。誰もいない教室でただ一人、ぼくは机を順番に見ながら、子供たちの顔を思い浮かべていた。その日の出来事を再現するためであった。「吉田、田中、小泉……」座席ごとに子供の顔を思い描いた。

机を見ながら子供の名前を言っていくうちに、何度もつっかえた。子供の名前がすっと出てこないのである。そんな時、自分自身が無性に腹立たしかった。机を見ながら子供の顔と名前とが、すっと思い出せるまでに一週間の時間が必要であった。

その次からは、座席を見ながら子供と話したことを思い出そうとした。印象的なことはすぐに思い浮かんだが、日常的なあれこれの言葉はなかなか出てこなかった。本日のも昨日のも一昨日のも、ごちゃごちゃになっていた。「社会科の時に一五名ぐらい発言したが……」と思っても、一四名なのか一五名なのか一六名なのか、はっきりしなかった。「遊びながらおしゃべりをしたが……」と思っても、何のことだったか鮮明に浮かんでこなかった。子供たちの意見も、ぼんやりとしか思い出せなかった。

子供たちの発表をぼんやりとしか思い出せなければ、その日の授業の反省もあいまいなものにならざるをえなかった。それは自分自身の仕事をいいかげんですませておくことである。ぼくには耐えられないことであった。教師になったのは、生きる糧を得るのと共に、その仕事に自分の人生があるように思えたからだった。ぼくはだらしない人間だが、自分の人生そのものがいいかげんでよいと思うほどにはさめていなかった。

来る日も来る日も、子供の帰った机を見ながら、その日の会話を思い出す作業を続けた。やがて、少しずつ思い出せるようになっていった。しかしそれは、実に遅い進歩であった。ちょっとしたことをはっきりさせようとすると、子供の言葉はすぐに霧の中に逃げてしまうのだった。逃げていく子供の言葉を必死でとらえようとするこの作業は孤独なものだった。たった一人のこの作業を、途中で何度止めようとしたか分からなかった。そのたびに、他の職業の人を思い描いた。「野球で、打者は投げられた球を静止してとらえるではないか」「実況放送のアナウンサーは、電車の中から商店街の店々を見分けるではないか」「オーケストラの指揮者は、あの音の洪水の中から違う音を指摘するではないか」と。僕にも、一日の子供の言葉が思い出せないはずはないと自分に言い聞かせて、放課後の日課を続けたのだった。

僕にとって長い時間の末、子供たちの発言がくっきりと思い出せるようになってきた。その時の子供の表情も周りにいる子の表情も見えるようになってきた。それは思い浮かぶのではなく、向こうから押し寄せてくるのだった。鮮明に像が浮かび上がり、それと関連して場面が次々と浮かび、そして全体の姿がくっきりと映し出されるのであった。

この文は拙著『教師修業十年』(明治図書出版)のものである。私はこの部分を、本の第一章に持ってこようと考えたのであるが、出版社側の意見で「跳び箱」が冒頭になった経緯がある。つまり私の処女作のテーマは、この文章の部分だったのである。

さて、前述のAに対応しては右の方法をとった。

では、Bの「アマが真似をすることのできない技術・方法」を身に付けるために、私がしたこととは何だったのだろうか。

むろん本も読んだ。研究会にも出席した。京浜教育サークルも作った。研究授業もした。そのような努力の中で、私が一番力を入れたのは「子供が動く発問・指示(言葉)をさがす」ことだった。

「名もなく貧しく美しく」そういう教師生活を送るであろうが、しかし私は、「プロ修業」

をしていこうと心に決めていた。

いかなる道でも「プロ修業」は半端ではない。それなりの時間はかかるし、費用もかかる。でもそれは、「プロ」である限り、誰もが通る道なのである。

(3) 自分に課した二つのこと

「プロになりたい」と思っていた私は、二つのことを自分に課した。

そのうちの一つは、前出のように子供が帰った教室で、毎日毎日机をながめながら、その日のことを思い出すという作業である。

それは、まさに修業であった。毎日続けると、子供の姿が「映像」として頭に焼きつくようになる。ある瞬間の出来事が、フィルムとして頭の中に入り、後でそれが復元できる。フィルムに焼き付けた時には、何のことか分からなくて(いや、印象さえなくて)、後になって思い出す時に、頭の中のフィルムから発見することもしばしばであった。

発言する子供の小指が動くというのは、その場での発見というより、一瞬頭の中に焼き付けられて、一秒か二秒のちに「小指の動き」が復元されるというのが実態に近い。

新潟県の村上小学校での飛び込み授業で、小指が動いた子を指名する場面と、ノートに書いてあることを発見する場面の二つは、まさにこの典型であった。このことは、「村上小の授業ビデオ」を見ると了解されるだろう。机間巡視でノートを見る私の動きは、おそらく「百分の一秒」程度ではなかったかと思う。私は、子供のノートを読んだのではない。「カシャ」と瞬間的にフィルムに焼き付けて教壇に戻る途中に頭の中に再現しているのである。

私は有田氏との立ち合い授業でも、村上小での一二〇〇名の参観者を前にした授業でも、子供の名前をすべて呼んだ。一人も「その人」とか「メガネの人」という言い方はしなかった。有田学級の子を、村上小の子を、すべて覚えていたのである。

覚えたのは、その前の時間の担任の授業の時である。だから私は、四〇分間で子供全員の名前を覚えて、次の時間にそれを使ったことになる。

村上小の場合は、少しきつかった。私は教室の横から子供を見ていた。横の位置から覚えた。しかし授業をする時は前に出る。頭に描いた図面を90度回転させることになる。これが大変だった。

これが大変だと分かる人は、「できるな」と思う。

囲碁にたとえよう。囲碁をしていて、途中までの図面を頭の中で90度回転して思い描けるだろうか？

ことは簡単ではない。初段はおろか、二、三段程度の力ではとうてい無理である。フィルムは一つの図面でもあるわけだから、それを90度回転させるのは至難の技なのである。

ためしに、今すぐ目を閉じて教室の机の配置を思い描いていただきたい。

次に90度回転させて、校庭側から思い出していただきたい。子供の名前がスラスラ出るだろうか。おそらく、なかなか出てこないだろう。毎日見ている担任でさえこれなのである。一回の授業しか見ていないのだから、名前を覚え、かつ90度回転させるのは大変なことだった。

この授業には光村図書の専務も来られていたが、「さすがに、向山さんの授業はすごい」と言われていた。それほどすごくもないが、一つ一つの修業に支えられた方法・技術が働いていたからであろう。

私の教師修業の一つの成果である。

さて、私がやっていたもう一つの教師修業は「子供が変化する言葉」を見付け出すことであった。これについては、あとで詳しく述べてみたいと思う。

3　京浜教育サークルは最大のヒット

(1)京浜教育サークルから法則化中央事務局へ

京浜教育サークルを持てたことは、私の教師人生で最大のヒットである。

私にとっての京浜教育サークルとは、創立時の四名を意味する。東京学芸大学で同期生であり(お互いに自治委員をしていたから名前を知っていた程度の付き合いだったが)、新卒で大田区に赴任した石黒修、井内幹雄、そして私の三人でまず始まった。

石黒氏は、口も強いが気も強い。漱石の「坊っちゃん」の如く前進する。

サークルに来た者は、まず石黒氏の数々の批判の言葉を浴びなければならない。

井内氏、これはもう雑学の大家そのものである。私とて多少雑学はあるつもりだが、彼にはかなわない。

私は、中学からの親友でコンピューターエンジニアをやっている玉村図南雄という雑学の大家を知っているが、彼と双璧である。雑学の大家とは、たとえば次のような人である。

関ケ原の戦いはいつだったか、誰でも知っている。大坂夏の陣がいつだったか、大方の人は知っているだろう。これが、大坂夏の陣は「何月何日からか」と言われると、答えられる人はぐっと少なくなるだろう。まして、その時の天候はどうであって、いつごろ決着がついたかなどということは、ほとんど答えられないだろう。こんなことを平気で話すのが雑学の大家である。

どこで知識を手に入れたか。頼山陽の『日本外史』を繰り返し読んで、本がボロボロになったというくらいのめり込んでである。玉村氏が中学校三年の時のエピソードである。私は『三国志演義』を中学一年の時に、玉村氏にすすめられて読んだ。

井内氏も玉村氏も、科学に強い。玉村氏がどのくらい強いかというと、コンピューターの講義を一カ月間受けて、当時五〇倍といわれたコンピューターの第一回の国家試験に合格したのでも分かる。

この試験では社内の東大、早大、東工大、数々の先輩をさしおいて、高卒の彼一人が合格したのである。

法則化コンピューター事務局で、彼を講師に招いたのであるが、はっきり言ってレベルがちがいすぎた。彼はすでに、四〇年以上も前に「コンピューターエンジニア一〇〇名のチームリーダー」として銀行のオンラインシステムなどを作っている。

私の家にあった「ＮＥＣ９８０１ＶＭ２」を見て「こんな小さなコンピューターをいじ

るのは初めてだ」と言いながらいじり出した。それがすごい。

「原理からいくと、こういうのが、このエリアに入っているはずだ」と、プログラムを次々と呼び出して、それを操作していくのである。動かなくても、ちっとも動じない。「へんだな。じゃあ、こっちに入っているのかな」と動かしていく。

この玉村氏は、コンピューターだけではない。「内燃機関」もプロだし「弱電」もプロだし「金属」もプロである。エンジニアリングのほとんどすべての分野のプロなわけである。まあ「雑学の大家」なのもうなずけよう。

そして、京浜教育サークルに松本昇が加わった。

松本氏、これはもう人畜無害、安心立命そのものである。誰でも松本氏には心を許す。また反骨の人でもあり、サークルの代表である。

こんな四人がサークルを作ったのであるから、これはもう面白いに決まっている。「仕事」についてしゃべって面白いし、「酒」を飲んで面白い。

だから物好きな人が集まってきて、いつの間にか現在の京浜教育サークル、法則化中央事務局となった。

私たちは「サークルへの提案物」なら、日本で一番という(量だけだが)自信がある。毎月二回(初めは毎週)、二〇年間の蓄積である。数ある教育団体のどこのサークルと比べてもケタちがいだろう。これは「研究授業」の回数でもいいし雑誌論文の数でもいい、一サークルとしては、どれも(数だけは)日本一だろう。

法則化サークルの中で、中央事務局を担当する京浜教育サークルは、実力でも(知名度だけではなく)他を圧していたのである。

このような「京浜教育サークル」を持てたことは、私の幸運だった。

(2) サークルでの反省

さて、サークルをやり始めてから四年だろうか五年だろうか。そのくらいの年数が経った頃、我が身をしみじみ反省したことがある。

その時の私たちは、東京の一地域では、それなりに有名になっていたし、よく仕事もやっていた。実践もしていたし、研究もしていた。すごくやっていたと言っていいだろう。

すごくやっていて少し有名になってきたから、心にスキが生じてきた。いい気になってきたのである。いい気になると「他の人」が劣って見えてくる。「俺より下だ」と思えてくる。

「これはいけない」と思った。私たちの腕は、それほど上等ではなかったのである。

技量の進歩は実に遅いもので、自分で「百段ぐらい上がる努力をした」と思っても、「やっと一段上がった」というのが実情だろう。いい気になると、そこが見えなくなる。私は、サークルで次のように発言した。

「学校にいる、何ということのない年輩女性の先生。俺たちは評価しなかったけれど、そんな先生の方が、はるかに腕をもっているじゃないか。俺たちは、いい気になって、そんな部分を軽視してきた。隣のあの先生、うしろのこの先生、そんな先生がやっている腕を、まず自分のものにしていこう。そんな力もないくせに、えらそうに言うのはよそう」

これにはみんなが納得した。この延長に、サークルでの「教育技術論」の討論が始まる。

それには、さらに数年の時間が必要であった。

第2章

黒帯六条件 その一
――すぐれた技術・方法を一〇〇学べ

1　名人・達人への第一歩

急勾配の万里の長城に立ってみて考えたことがある。日本にいたら絶対に思いつかなかっただろうということである。

万里の長城のすごさは、六千キロにわたって城を築こうとした発想にある。

私自身は、とうてい発想できないと思った。多分、日本人は誰一人発想できないであろう。長城を作ることはできる。誰かが発想すれば、それを作る日本人ならいると思う。

「発想する」ことと、「創る」ことは、同じようでいて非なるものである。「発想」は出てしまえば誰でもできるように思えるが、初めに「発想」することはやさしいことではない。

「教育技術の法則化運動」も、多分「発想」にその強さの源がある。この運動の発展の中から創り出された「上達論」「上達法」も一つの発想である。

私はかつて、「斎藤喜博氏なら、別の形の上達システムができるはずである」という意味のことを書いたことがある。斎藤氏が授業の講評をして点数をつけ、一定の点数になれば有段者にするという方法である。ただしこれは、斎藤喜博氏しかできない方法である。

私は、法則化運動の中から「上達論」「上達法」のシステムが誕生してくるとは思っていなかった。これはまさに、全国の多くの青年教師によって創り出された一つの「発想」である。

プロの黒帯初段程度の腕を身に付けるためには何をどの程度学べばよいか。初段程度への道は、通例「一〇〇」という数字で示される。和裁で言う「百枚を縫ってみろ」を始め、さまざまなところで言われている。

これが名人・達人クラスになると、「一〇〇〇」が目安となる。野球の千本ノックも相撲の「三年先の稽古」もそうである。

黒帯六条件は、「名人・達人」への道ではない。「名人・達人への第一歩」である。

教育界には「自称名人、自称大家」が多い。自分から名のる人は少ないが、心ひそかに思っている人は多い。そのくせ、まともに教師修業をしなかった人がほとんどなのである。

そういう現状はまずいと思う。「ゆさぶり」をかけるべきである。

「黒帯六条件」は、あえて「具体的な数値」として表現した。こうすることによって、目安がはっきりするからである。多くの方が挑戦され、クリアされることを願う。

2　教師の技量を高めるには猛烈に勉強するしかない

（1）読書をする人

私は毎日のように人に会っている。その中には、全国的に名を知られた実践家や研究者がいる。あるいは、テレビのディレクターもいれば、新聞記者もいる。企業の社長もいれば、編集者もいる。コンピューターのエンジニアもいる。さまざまな人と会う。

どの人もすばらしい魅力を持っているが、その中で、「これはすごいな」と思う人がいる。

そして、「これはすごい」と思う人に共通していることがある。

それは、読書量がすごいのだ。並の読書量ではない。その道で全国区の達人になるには、やはり読書をする人でなければならない。中央事務局のメンバーも、かなりの読書家である。

中国の北京から帰ってきた時には、飛行機の中で一〇名ほどが本を広げていた。

読書をする、勉強をすることの重大さは、どれほど強調しても強調しすぎることはない。

谷和樹氏をはじめ、TOSSの実践家もかなりの読書家である。

私自身、かなりの読書量があると思う。高校に入学した時、図書室からカントの『純粋理性批判』を借り出したのを手始めに、高校の図書館だけで千冊は借りていた。

今まで一日平均二、三冊の本を読み続けている。一カ月の本代は、多分、日本の教師の中で、三本の指には入るだろう。

本を読む、勉強をするということは、どの世界でも同じなのだ。教師は他の世界の人ほど勉強していないと言えるかもしれない。読書しなければ情報は集まらない。

私の愛読書の一つに、経営コンサルタントの船井幸雄氏の本があるが、氏の本の中に次のような文があった。

教育とは、人を引っ張っていって、その人の人間性を引き出すことだが、ベストの教育法は、上の人の姿勢、態度、言動などがかもし出す一つの雰囲気、たとえば会社なら社風のようなものといってもよい。

私の会社のオフィスは、地下鉄「芝公園駅」の上にある。近くには日本電気、富士通、松下電器、ダイエー、イトーヨーカ堂など、私と親しい会社のオフィスがあるが、見ていると、ともかくこれら一流企業というか伸びている会社の社員は、実によく働くし、よく学ぶということに気がついた。

今年の六月ごろのことである。大学を出たばかりのこれらの会社の新入社員に聞いてみたところ、だいたい次のような答えが返ってきた。

「学生時代は、遅寝遅起きで、たしかにダラダラしていました。といって、よく遊んだともいえないし、もちろんよく学んだとはいえません。

しかし、いまは毎朝六時に起きます。七時半か八時には出社します。そして夜は平均すると九時ごろまで会社で仕事をしています。そうしないと追いつかないのです。そのうえ、週に二〜三回は英文の翻訳などの宿題が上司から与えられますから、眠るのは一二時すぎになりますね。

日曜日も、ほとんど遊ぶひまはありません。仕事の準備に時間をとられています。

学生時代に比べると、われながら本当に人が変わったようによく働き、よく学ぶようになりました。満足しているし、生きがいを感じています」と。

これが、いまの日本を支えている基礎風土なのだと思っている。

一部の人からは批判されるかもしれないが、よく働き、よく学ぶのはよいことだし、今後もつづけていきたい風土でもある。

このくらい勉強するのが、日本の最先端の普通の人の姿である。高級官僚なら、もっと勉強するだろう。

「教師は勉強しない」と言われるはずである。

「教師の質の向上をはかろう」と言われるはずである。

法則化運動の参加者は、よく勉強する。初めてサークルに出た人は、提出されるレポートの量にびっくりされるだろう。圧倒されるにちがいない。

自らを未熟だと認める青年教師が、やっとここまできたのである。しかし、まだまだ力は不足している。

『現代教育科学』（明治図書出版）一九八七年九月号に「法則化論文への注文」が特集されている。

さまざまな立場の方々が「注文」をお書きになっている。「注文」「批判」をいただくというのはありがたいことだ。ぜひ、謙虚に学んでいきたいと思う。むろん中には的はずれなご批判もある。そこは軽くうけながして、学ぶべき点をしっかりと学んでほしいと思う。

たとえば、左巻健男氏は「何が欠けているのか。一言で言えば、勉強が足りない」と言われる。私は、「そのとおり」だと思う。基礎体力が、まだまだ不足している。

左巻氏は、また次のように言われる。

今までの文にカチンときた人は、昨年出したぼくの編著『中学理科の授業』(民衆社)の第一巻を読んで批判してほしい。小学校教師にも十分参考になると確信する。ぼくの三七歳の仕事である。

向山さんは、「今までの教育書のほとんどは、役に立たない」と述べている。でも、ぼくなどが属している理科教育についてわが国最大の民間教育研究団体——科学教育研究協議会(科教協)は、実践的・理論的成果を世に問うてきたつもりだ。理科をやるなら、少しはそれらを勉強してほしいな。

私は「カチン」とこない。「そのとおり」だと思う。理科をやるなら、日本における有力な理科教育についての主張と実践を勉強すべきである。いや、日本のみならず、世界中の理科教育について勉強すべきである。

左巻氏たちの研究の成果も、ぜひ学びたいものだと思っている。

TOSSに参加している教師は、たとえば(理科について言えば)、次のような問いに答えられるくらいの勉強はしてもらいたいと思う。

一　日本には、大まかに言って理科教育の方法は、何種類あるのか？　何を読めばいいか？
二　それぞれの理科教育の原理は何か、どこがどのように対立しているのか？
三　たとえば「力」についての指導過程は、初理研・科教協・仮説実験授業では、どのように構成されているのか？
四　右の代表的な授業例は誰のものか、それぞれ子供は何を学習したか？
五　「力」についての同一の授業記録を比較して、それぞれの主張について吟味するとどうなるか？

むろん、国語であろうと社会科であろうと事情は同じである。右の向山の問いを参考にして、自分で問題を作っていただきたいと思う。

ＴＯＳＳの参加者は、かなりの読書家ではあるが、まだまだ基礎体力が不足している。読書量が不足している。

日本教育技術の集大成をするという大きな目標を持った研究集団であり、プロの教師になりたいと思う実践集団であるならば、もっともっと勉強しなければ駄目である。身にすぎた「志」を自分自身の力でやりとげるのだ。

みこしをかつぐのは、自分自身なのである。

(2) 子供が変化する言葉

ＮＨＫクイズ面白ゼミナールの会議の帰途、渋谷の雑踏を歩きながら有田和正氏と話した。

「先生は、全国各地で授業をされていますが、うまくいかない場合もあるでしょう」

「もちろんです」有田氏は答えた。

「うまくいく場合と、うまくいかない場合と、発問はどのようにちがうのですか」

ここで有田氏は、「バスの運転士の仕事」についての例を話してくれた。

「バスの運転士はどんな仕事をしているでしょう」では子供は動かないが、「バスの運転士は運転している時どこを見ているでしょう」と問うと、子供が動くということである。

私にも経験がある。向山式跳び箱指導を開発していた頃の話である。

「跳び箱」「マット」を指導して、子供が変化をする言葉と変化をしない言葉があることを実感したのである。

たとえば、「踏み切りに気を付けなさい」ではほとんど変化がない。言ってないのと同じである。「トンと踏み切りなさい」という言い方だと、子供は変化する。
いろいろな言葉を言ってみた。
原理はほどなく分かった。
次の三つを満足させればよい。

① その運動の細分化されたポイントを押さえたものであること。
② 変化の方向を正しく示していること。
③ ①②を満足させる言葉をイメージ語に直したものであること。

これは分かったが、ではどういう言葉がいいのかは分からない。おびただしい数の言葉から宝石を拾い出すようなものである。そんな時、「きっと、これまでに苦労した人がいるにちがいない。それが分かっていたら」と思ったものであった。

このような「言葉」は、自然に身に付くものではない。かなり必死に追究しなければならない。しかし、一人の人間でできることには限りがある。だから、心ある多くの教師が、努力の末さがしたものを学ばせてもらえばよい。言葉に限らず、教え方、方法、技術にも、必ずすぐれた方法、良い方法がある。そういうものを身に付けることである。どれほど持ち味のいい、センスの良い教師でも届かぬ境地がそこにはある。

医師を考えてみよう。

「盲腸の手術ができる」というのは、外科医にしたら小さなことかもしれない。しかし「盲腸の手術のできない外科医は、外科医ではない」。

およそ医師というのは、さまざまな病気等に対して、治療する技術を持っている。むろん医師にとって、医療技術は小さなことだろう。大切なのは、患者自身の治す力であろう。

名医であればあるほど、そのことを強調する。しかし一方、名医がすぐれた技術を身に付けていることも事実なのだ。いや、すぐれた医療技術を身に付けているからこそ、一つの技術を細かく分析して語れるのである。

プロの将棋指しも、技術の小ささを語る。しかしたった一人のプロの棋士が、日本中のアマを総動員したより技術を持っていることも事実なのだ。

プロの棋士になるためには、二〇歳をすぎてアマ日本一になっても手遅れなのである。

勝負の世界という、実力の差がはっきり出る世界で、アマ日本一になってもプロ（それも下位クラスのプロ）にさえ手が届かないという歴然たる事実が存在する。

そういう人が「技術の細かな分析」を語るなら、さまになる。絵になる。納得する。しかし教育の世界では、ろくに力もない教師が「技術は小さなことだ」と語るのである。私は、次のような便りをもらった。

全校生徒数名という学校に勤めています。先日、職場で論争をしました。それは「授業によって子供を変革できるか」ということです。私は授業によってこそ子供の変革を図っていくべきであると主張しました。しかし、相手の人(40歳の女性教師)は「授業によっては子供を変えることはできない」と主張されるのです。その人は「自分は授業によって子供を変える取り組みをしたが、子供は変えられなかった」と言われるのです。そこで私は「それは授業のレベルが低いからだ」と言うと、「私は授業については、もう卒業している。しかし、授業によっては子供は変えられなかった」と主張されるのです。しかし、実際に授業を見せてもらうと、卒業したとは思えないようなものです。ある児童などは、1・2年の時に授業中、歩き回っていたと聞きます。現在、私が受け持っている子供が、ある時その人に向かって「2年生の時の先生の算数の授業は分からなかった」と言っていました。するとその先生は「1年生に手がかかったからね」と言っておられました。その程度の授業しかされていないのに、「授業は卒業した」と言われるのです。その時は信じられない気持ちでいました。

3時間ぐらい話をしましたが、ずっと平行線のままでした。

そんな論争をして2週間ぐらいたちますが、今でも腹だたしいと思う(こんなことを思ってはいけないのかも知れませんが)反面、そんな人がいてもいいのかと思います。

私も、自分が「授業によって子供を変えるべきだ」と言った以上、力を付けていかなければと、より一層頑張らなければと考えております。

力を付けて、子供を変えていくことが、私に課せられている訳ですから、頑張らざるを得ません。

2学期は、追試をたくさんやっていこうと思います。夏休みに入り本を読み、追試の重要性を改めて考えさせられました。

追伸　私に問題点があるとすればなんでしょうか。職場などでも意見のくい違いがよくあります。前に述べた事以外に、「授業こそ最大の力を入れるべきだ」と言ったら、他の人に私の考え方はせまいと言われました。授業に力を入れるべきだと言うと、せまい考え方だと言われてしまうのです。教師の仕事とはなんなのか悩んでしまいます。

私のたった一人の教師の師匠、石川正三郎氏は、よく言っていた。

「手習いに、あげた我が子を見ちがえる——これが教育の根本にあるべきだ。いつの間にかこんなに成長したと親が実感する時、教師の主張は理解される」

教師は「授業で子供を変えるべき」だ。学校は、授業をするところである。授業で子供を変えずして、何で変えることができるのだろう。

変える——とは、つまり育てることや教えることを通して、よりたくましく、より賢くしていくことである。

行事なども、当然「授業」の一分野と考えるべきである。

授業で変えられないのは、その先生の授業のレベルが低いからである。自分の力が弱いくせに(だからこそ)原因を他に求めているわけである。

手紙の主は「私に問題点があるとすれば」と言われる。確かに多くの先生方とトラブルを起こすのは考えものだ。しかし、それは若さゆえであり、正しいと思うことを主張しているからだ。仕方がないと思う。多少の行き過ぎはあって当たり前なのだ。

しかし、「言葉」で対立するより「事実」で対立してもらいたいと思う。「事実」で「教育」を語ることこそ、法則化のマナーなのだ。「事実」で語ろうとすると「言い返せない」時もある。しかしそんな時、じっと耐え、自分自身の技量を高め、実践を高めることに全力を注ぐのだ。大学生や父母ではできないようなプロの技術――それを一〇〇は学ぶことだ。

次の作業をすることをすすめる。

> ノートに番号をふる。題を「私の身に付けた教育技術」とする。
> そして、「向山式跳び箱指導」「春の授業」「集中させる方法」など学ぶ内容のタイトルを書いていく。
> 学んだところ、先行研究者名なども書き添えていく。

基準は、勉強してない教師には身に付けられない方法であること。本を読む、研究会に出る人しか身に付けられない方法である。それを、一〇〇を突破するまで記録するのである。

そんな時、「ＴＯＳＳランド」「ＴＯＳＳメディア」は役に立つはずだ。

第3章

黒帯六条件 その二
――すぐれた授業の追試を一〇〇せよ

1　他人から学ぶことなしに自分の成長はあり得ない

（1）キーワードの誕生

現在は長岡造形大学教授である大森修氏と会ったのは、昭和五七年のことである。帰り際に、製本した学級通信を何冊かお渡しした。

その後、一年のうちに何回かお会いしたが、そのたびに「学級通信」のことが話題になった。それも「授業」について書いた部分である。

大森氏は、私の学級通信を何度も読み、授業を追試されているらしかった。「この発問で、なぜ授業は盛り上がるのか」ということを、突き詰めて考えておられた。斎藤勉氏も、共に検討したことがあるらしかった。

この大森氏、斎藤氏の個人的な研究が、追試による研究の第一段階ではないかと思う。大森氏が私の記録を読み、追試をされ、発問を分析するという研究をしていたわけである。日本における、少なくとも法則化運動における本格的な「追試研究」「発問研究」は、ここに始まると私は考えている。

大森氏にとっては、「今までの自分の授業とはちがった」という、授業の事実が出発点になる。

「これはなぜなのか?」このことに対する執拗な問いが、大森氏とその周辺でされていく。これが「発問の定石化」誕生につながるのである。

山手線の電車の中で、当時明治図書出版編集長の樋口雅子氏、大森氏、そして私がおしゃべりをしていた。樋口氏と大森氏の話の中から「発問の定石化」が誕生するのであるが、それをもたらした裏には、前述のようなことがあったのである。それにしても、この段階で(つまり、かなり初期の段階で)大森氏との話から「発問の定石化」という概念を引き出した編集者の力量は並のものとは思えない。今考えても、見事だと私は思う。

TOSSの前身である法則化運動「追試研究」「発問研究」は、大森氏、斎藤氏を抜きには考えられない。少なくとも、その誕生の時に、このお二人が大きな役を担ったのは事実である。

この頃、つまり大森氏が、「追試」「発問」「定石化」などという概念がまだはっきりしていなくて、むしろ「分析批評」の側から授業を考えていた頃、愛知の岩下修氏は、私たちと共に大森学級を参観していた。

その日の夜、村上小学校校長の飯沼宏氏を中心に懇親会を持ったのだが、その中には山口の槇田健氏、静岡の杉山裕之氏もいた。数年後、法則化運動を背負っていく実践家になるこれらの人は、お互いに名前も知らぬゆきずりの人であった。ただ、その一夜の宴で、私が「法則化運動」の必要性を訴え、協力をお願いしたことが、その後の人生を変えていくのである。

さて、岩下氏もその場にひっそりと参加されていた。東京へ帰る新幹線で一緒になった私は、生真面目な人のグチともつかぬ、しかし誠実な岩下氏の話を聞いていた。

「私は、過去数年あちらこちらの研究会に参加してきました。いろいろ参加してきました。本も一杯読みました。しかし、授業が良くならないのです。むしろ、数年前の方が良かったと思うのです」

岩下氏は、そのように話していた。勉強したにもかかわらず「数年前の方がいい授業ができた」という岩下氏の訴えは切実であった。

勉強すればするほど教師の技量が下がるとするならば、では一体教師の勉強とは何なのか。教師の技量を上達させるために勉強するのではないのか。誠実な教師が、その誠実さの結果として授業の質が下がっていくのであるとしたら、これは大問題である。

教育運動をしている人は、この岩下氏の訴えに応えなければならない――勉強をすれば腕が上達するような、上達したと実感できるような教育運動をしなくてはならない――私はそう思った。

　この時の私と岩下氏との会話はかなり貴重で、岩下氏は「授業における指示の重要さ」に着目するようになる。そして、「指示」の本を出すことになるのである。

　本を書く時も一つの事件があった。名古屋市の教育論文に応募された原稿を、岩下氏は合宿の折に見せてくれた。

　昨年は入選したけれど、今年は落選したと話されていた。落選したという岩下氏の論文を読んで、私はキラリと光る宝石のような感じを持った。並の論文ではない。これは何かある。私はその論文を預かり、すぐに明治図書出版の江部満氏に送った。折り返し江部氏から返事があって、「すぐれた内容だ、本にしたい」ということだった。鬼よりこわい編集長の目を、一発で通過したのである。多分、その年度に全国で書かれた幾多の教育論文の中でも、すぐれたものであっただろう。

　というように、「追試」「発問」「定石化」などの延長に、岩下氏は自分の実践の行きづまりとの葛藤の中から「指示」の問題を明らかにされた。そして、岩下氏の話を聞いた私は、別の方面を考えていた。

勉強すれば、確実に技量が向上する方法を考えなければならない。

教育技術法則化運動（現ＴＯＳＳ）こそは、そのような内容を含まなくてはならない。

そして法則化運動こそが「上達論」を展開していくべきなのだ――と。


こうして振り返ってみると、「追試」「発問」「定石化」「指示」「上達論」などという重要なことが、すでに法則化誕生の時から意識されていたことに気が付く。

大切なことは、大森氏、岩下氏、向山などそれぞれの教師が、自分の実践とのかかわりにおいて、前述のような方向を発見していったということである。

その出発点にあったのが、「追試」である。

（2）追試

「追試」は単なる「人真似」ではない。「追試」することによって、「自分」と「相手」とのちがいに直面させられる。

そこで考える。

「どこがちがうのか」

「何をすればいいのか」

追試は、「すぐれた技術・方法」を身に付けるためにだけ必要なのではない。「すぐれた実践家」と「自分自身」との対決を作り出すから必要なのである。その「対決」は、まさに「実践」における対決である。

教師は「実践」の場でこそ驚き、考え、学び、成長する。実践こそ、まさに教師にとって、人生のすべてのもの――あらゆる形での喜怒哀楽――が存在する生きていく場である。だからこそ、教師の成長は、実践の場においてこそ達成される。言葉だけの学習では、無理である。

研究授業が「自分の観念」と「自分の授業」との対決の場だとするなら、追試こそ、「すぐれた実践家の授業」と「自分の授業」との対決の場である。「追試」をして「驚き」「うちひしがれ」「考え」「学び」「振り返り」成長していく。そのために「実践記録」「授業記録」は存在するのだ。

実践記録を読み感動するだけでは、何の役にも立ちはしない。その記録が自分自身の授業を変えるからこそ、実践記録は貴重なのである。「追試」を軽蔑する人は、たいした授業をしていない人である。本気で教師修業をしたことのない人である。

私たちは教育のプロである。著名な授業の五〇や一〇〇を自分自身とのかかわりにおいて語れないようでは、恥ずかしいのである。現在の教育界では、「たった一つのすぐれた授業を説明せよ」という問いにさえ、答えられない不勉強な教師が多い。教師でありながら、これだけ本が出されていながら、「たった一つのすぐれた授業」を紹介できないのである。

プロの教師には、五〇や一〇〇の授業は語れるようになってほしい。それも「追試」をし、驚き、考え、悩み、省みて、自分自身の授業を通して語れるようになってほしい。そうしてこそ、本当の教育のプロになることができる。

黒帯六条件の中に「一〇〇の追試」を入れた意味は以上のことである。しかしそれが「追試」のすべてではない。ここを誤解してほしくない。つまり「追試」という行為は、もっといろいろな可能性を持っている。

「実践者の対決としての追試」のほかに「すぐれた方法を創るための追試」という面もある。

たとえば、向山式の跳び箱指導を追試したとしよう。そうすると「跳べなかった子が跳べた」という結果が生じる。そこでいろいろなことを考えるようになる。

槇田健氏は次のように書く（『現代教育科学』一九八六年六月号）。

跳び箱を全員跳ばせた授業は、今までの授業についての私の考えを大きく変えるきっかけとなった。

なぜなら、向山式指導法を使って指導すると、全員を跳ばすことができるという事実を体験したからである。

これまでは、一つのクラスには跳べない子が二、三名はいるものだ、教師は温かく見守り、はげましてやるしかないのだと考えていた。

跳べないのは、子供に原因がある、教師（自分）に原因があるのではないと考えていたことになる。

教師の技量の低さが原因であると気が付かなかった。

この時以来、私は授業について次のように考えるようになった。

> 教師にとって授業とは、子供たちが分からないこと、できないことを、分かるように、また、できるように指導する場である。
> それも、一〇〇パーセントを目指さなければならない。

一〇〇パーセントを目指すと言っても、そう簡単なことではない。教師の技量を高め続ける努力をしなければ、それは不可能である。

私のような凡人には、自分一人で技量を高めようとしても、進歩の度合いはたかが知れている。

目の前の子供たちのためにも、できるだけ早く、より多くの教育技術を身に付け、それを使いこなすだけの技量を持ちたいと思っている。

「追試」をすると多くの人は、槇田氏と同じような感想を持たれるだろう。

しかし「追試」をして、別のことを考える時もある。

「もっとうまい方法はないか」

いかなる方法も百点満点ということはない。どこかに欠点を持っている。その欠点が目に付き、改良を考えるわけである。多くの人が、修正を加えることによって、よりすぐれた方法が作り出されていく。これも「追試」の効用である。世の中に「百点満点の方法はない」と考える人にとっては、「追試」は「改良」のためにも必要なのである。

「サル真似をする」ことが追試なのではなく、改良のためにこそ追試が必要なのである。

さて、このような「追試」は、多くは応募論文（ＴＯＳＳではＴＯＳＳランドコンテンツ）として提出される。

合宿・セミナー参加者ならお分かりだろうが、何回言っても直らない点がある。きっと教師の世界の今までの悪慣習のせいなのである。

追試論文について、簡単に大切なことを書いてみる。

一　先行実践と同じにやってみて、効果があったというだけでは価値がない。しかし、効果を数量的に示したものには価値がある。

二　発問など先行実践とちがう場合は、必ずその旨を明記しなくてはならない。つまり「原発問」「修正発問」「理由」の三つを明示しなくてはならない。

三　「参考にした」と注記がある。「参考にした」というのは、数パーセントを真似ただけで、ほとんど自分が創ったという場合である。つまり、ヒントになったというのが参考である。

四　三〇パーセント以上も同じなら、これは「追試」である。必ず先行実践者名を示し、もとの発問等を明記しなくてはならない。

五　「追試」の「追試」によって原実践が分からなくなる場合がある。
「追試」の「追試」の場合も、きちんと原実践まで戻らねばならない。
六　ただし「他人から聞いた」「どこかで聞いた」ようなものは、たどれるところまでを示せばよい。分かった時点で追記すればよい。

このように「追試」することによって、「よりすぐれた技術・方法」の「創造」へ参加することにもなる。つまり「追試」とは、「すぐれた実践家との対決」「すぐれた実践の創造」という両面をもった方法なのである。

黒帯六条件その二は、次のことである。

すぐれた授業の追試を一〇〇せよ。
そうすれば、すぐれた実践家と実践の場での対決をすることができると共に、あなたの実力次第で、すぐれた技術・方法を創造することに参加することになる。

2　向山洋一、教師二年目の夏

(1)「追試」という提起

「追試」といっても、さまざまな内容がある。

ここで言っているのは、「すぐれた授業」をそのままやってみたということである。すぐれた授業をそのままやってみるためには「授業記録」が必要である。「授業記録」の中に「発問」と「指示」が言ったとおりに書かれているものが必要である。しかし、こういう授業記録はそれほど多くはない。

こういう観点で考えると、著名な実践家の授業記録は教師修業の宝庫である。

しかし授業記録の中には、そのとおりに書かないで「都合のいいものだけ」を選択して書いているものもある。都合の悪いものを削り取ってあるのである。さる著名な教授学の実践家の中にもこうした記録がある。むろん、こういうことを知った上で参考にすれば、「削り取った」ものがあったとしても、十分に役に立とう。

ビデオや録音テープなどで、裏付けのある記録は、その点安心して活用することができる。

私自身の実践では、追試という環境は十分ではなかった。「追試」などという用語さえなかった時代である。「追試」という用語が、教育界で認知されたのは「法則化運動」による。「追試」という言葉は一般的ではなかったが、それに近いことはしていた。さまざまな本を読んでいて、あるいは資料を探していて、引っかかるものがあるのである。教師というのはやはり、「明日の授業に役立つ」という情報には敏感なのだと思う。

それと共に、私自身の次のような体験がある。

京浜教育サークルの初期に、こんなことをやっていたということも一つの情報にはなるだろう。

(2) 新卒二年目の研究

その当時、京浜教育サークルは「評価」「通知表」の研究を一つのテーマにしていた。

五〇年前のことであるが、ある父親がテレビで「通知表の記入方法」に文句をつけたことがあった。あらかじめ人数枠を決めておくなどというのはおかしい、というわけである。

この父親は、文部省にくいついたのである。

ところが文部省は、「あらかじめ人数枠を決めるようなことをしてはならない」という通達をとっくの昔に出していた。指導要録でさえ人数枠を決めてはいけないのだから、通知表のような「私的」な書類はなおさら自由でいいことになる。硬直化していたのは、文部省ではなく学校現場だったわけである。

こうした事件が発端となって、日本中の学校で「評価」「評定」「通知表」などが問題となった。通知表の改革に着手した学校も多い。

私も大森大四小学校で、通知表委員に選出され、ついで通知表委員会委員長になって「改革プラン」を提出した。

この時の提案は、『飛翔期　向山洋一実物資料集』(明治図書出版)に収められている。

京浜教育サークルでも、「評価」「評定」「通知表」の研究を進めることになった。組合の特設委員となったのである。

この時の「向山報告」「石黒報告」も同書に収められている。

さて私たちは、根本から検討してみることにした。

「評価」「評定」「通知表」という言葉は、もちろん「異なる概念」である。「評価」と「評定」の区別ができなければ、研究は進まない。こうした基本問題をクリアした後、「評定」「評価」の歴史を検討することにした。

ところが、資料がないのである。これは大問題だった。調べるうちに、事情が分かってきた。

その当時の「教育評価」の専門家は、「教育心理」の研究者だったのである。つまり知能テストなどを作るという方々が、教育評価の専門家だったのだ。言うなれば、実験系の研究者である。だから「教育評価史」などという分野には、ほとんど手がつけられていなかったのだ——と私は当時推定した。

となると、自分で調べるしかない。教育史の資料が揃っているところ、というわけで東京学芸大学図書館を選んだのである。ここなら、教育史の資料は揃っている。

たくさんの本を借り出した。何十年も前の本である。

いろいろ調べていると、今まで知らなかったことが見えてくる。「これはいい」と思うものは、ノートに写しとった。今から、五〇年近くも前の話である。当時は図書館でコピーのサービスはしてくれなかった。ところが、ノートに写しとるのではとても仕事が進まない。良質な資料が次々と見つかったからである。

私は図書館の司書の方に無理にお願いして、本を何冊か借り出した。コピーをしてくれるところが、国分寺の駅前にあったからだ。

私と石黒氏は、本をかかえて二〇分もある道のりをコピーをしてもらいに行った。夏の太陽が肌を焼き、汗がふき出していた。しかし、図書館で「目指す獲物」を手にした私たちには、そんなことはちっとも苦にならなかった。

武蔵野の面影を残す木立では、せみの声がしていた。

私たちはかなりのお金を使って資料を手にしたのだが、懐具合は心細いのに、心は豊かであった。

その時コピーをした中に、『日本教育史の研究』(乙竹岩造、目黒書店)という本がある。お金が足りなくて全部をコピーできなかった。出版社を記録しておく知恵もなかった。

だから、不完全な資料である。

しかし印象に残る文面があった。

> 単読
>
> 単読ハ上位ノ生徒ヨリ始メ或ハ故ラニ不注意ノ生徒ヲ指テ一章又ハ二三句ヲ読マシ

ム若誤読等アラバ他ノ生徒ヲシテ之ヲ正サシメ猶正ヲ得サレハ読得ル者ニ右手ヲ揚ケシメ其中ノ一名ヲ指シテ其誤ヲ正サシム而シテ後チ前ノ誤読セシ者ニ再ヒ読マシムルナリ

輪読

輪読ハ上位ノ生徒若クハ下位ノ生徒ヨリ始メ一句ツヽ順序ニ読マシムルナリ若誤読アラハ直ニ次生ヲシテ之ヲ正読セシムルヲ云フナリ

斉読

斉読ハ生徒ヲシテ一斉ニ読マシメ或ハ一行毎ニ読マシムルコトアルベシ但一句読了ル毎ニ「次」ト令シテ次句ニ移ラシム然レトモ下等五級以上ニ至リテハ此令ヲ略スモ可ナリ

これは、一見して分かるように「授業方法」「授業技術」である。しかも、「追試可能」である。誰でもできるように書いてある。

次のような文章もある。

○書取

書取ハ左図ノ如ク生徒ヲ奇偶ノ両位ニ分チ先ツ書取ルヘキモノ二個ヲ朗読シ偶位或ハ奇位ノ生徒ヲシテ前ニ誦セシモノヲ書取ラシメ奇位或ハ偶位ノ生徒ヲシテ後ニ誦シタルモノヲ書取ラシム此際教師机間ヲ巡視シテ其正否ヲ監シ生徒書シ了レハ前ニ誦シタルモノ即チ偶位或ハ奇位ノ書取リシ文字ノ正否ヲ黒盤上ニ書シ照準セシメテ其正否ヲ判シ否ナル者ニハ改テ書セシムベシ了レハ奇位或ハ偶位ノ書取ルヘキモノヲ誦シ尋テ偶位或ハ奇位ノ正否ヲ判シ照準セシムルコト前ノ如クス(奇位ノ正否ハ黒盤ノ右方ニ書シ偶位ノ正否ハ左方ニ書スベシ)了レハ令シテ石盤ヲ収メシメ翌日書取ルヘキモノヲ黒盤ニ書シ先ツ一生徒ヲ指シテ之ヲ読マシメ尋テ斉読セシム而シテ後チ令シテ手簿ヲ出サシメ盤上ノ文字ヲ写シ取ラシム

奇偶位ヲ別ツノ法左ノ如シ

偶奇	偶奇
偶奇	偶奇

○作文
本課ハ題ヲ黒盤ニ書シ一二生徒ヲシテ之ヲ読マシメ尋テ一斉ニ誦読セシム（上級ニ至リテハ必ズシモ斉読セシムルコトヲ要セズ）而シテ後チ一生徒ヲシテ其題意ヲ講述セシム若生徒中解シ得ルコト能ハザレハ教師自ラ之ヲ説明シテ後チ筆ヲ取ラシム生徒既ニ文ヲ作リ畢レハ一生徒ツヽ順序ニ直立センメテ其文ヲ朗読セシムヘシ此ノ際生徒ヲシテ互ニ其文ノ巧拙ニ注意セシメ一同読ミ了レハ総生徒ニ向テ巧拙交々問ヒ其中最モ巧ナルモノ（時宜ニヨリ故ラニ拙文ヲ書シテ示スコトアルベシ）ヲ盤上ニ書シ作リシ者ヲシテ之ヲ朗読セシムヘシ而ル後チ先ツ各生徒ヲシテ删正セシメ（生徒ヲシテ删正スベキコトヲ口述セシメテ教師之ヲ記載ス）尋テ教師之ニ添削ヲ加ヘテ其文義ヲ説明スベシ
但シ宿題ハ一週ニ二回トス

この内容は、勉強家の方なら、思いあたることもおありだろう。長い間日本では、「書き取り」「作文」というのはこのように指導されてきた。

むろん、これがベストというのではない。事実、後になって「作文」の指導方法をめぐって、有名な論争が巻きおこることになる。課題を与えるか、自由にさせるか、ということをめぐってである。

しかし、それにしてもこの文章は、指導技術・指導方法を端的に伝えている。

この文を読んだ時、私は大変新鮮なものを感じた。つまり、ずっと昔の先輩たちがこれまで歩んできた道を実感したのである。

私は、このような指導方法・指導技術を次々に読んでみた。追試できるように書かれているのが強味であった。「温古知新」と言う。

昔のことを「単なる知識」として身に付けるだけでは、実践にはあまり役立たない。しかし、現在の地点から昔のことを見れば学ぶべき点は多々ある。ことに、多くの人の知恵を集めたものはである。

私は、前述した文章に出会い、そして、いろいろと触発された。

それがすぐに生きるものもあったし、一〇年も後になって役立つこともあった。

発想の転換に役立つものもあった。

本を一杯読む、腰をすえて取りかかってみる——ということは、何事につけ必要なようである。

密度の濃い、腰のすわった勉強から、次のものが育ってくるのである。

法則化の教師は本をよく読む。

「すぐれた授業の追試」ということを「すぐれた授業の発見」という観点からとらえ、さまざまな財産を発見していただけたらと思う。

一人の人が、一つのすぐれた授業を発見すれば、全体では数万もの情報になるのである。

TOSSを例にとればこれは、疑いもなく一つの巨大な教育財産である。

3　追試で見えてくるもの

追試は多くの教師を成長させる。以下に『教室ツーウェイ』に載った岩下修氏の文章を紹介する。

初めての追試が私を変えた　岩下　修

(1)「追試」の思想を全校体操の指導に

「追試」という言葉を初めて耳にした時、私は、次のように思ったことを覚えている。

「ああ、それなら、前からずっとしてきたことだ」

新卒以来、明日の授業のために、よい教材はないか、おもしろい授業展開はないかと、教育書をめくる毎日を過ごしてきたのだった。

「追試」というのは、私には日常化していた。内容が悪かっただけだ。だから、「追試はサル真似ではいけない」という考えが出された時、私は思った。

「サル真似でいいじゃない！」

私の学校では、体育集会を六名の教師が輪番制でする。体操の内容は、各自に任されている。さて、どんな指導が展開されるか。

一人の教師がした体操内容や指示の技術の中ですぐれたものは、必ず次の先生に受け継がれていく。

「よし、あれを真似してみよう」

という教師の心いきに対して、「サル真似」などという下品な言葉を発する教師はいないのである。

「一部修正して、真似してみよう！」

という試みに対しても、暖かい目が向けられる。

しかし、評価はきびしい。どちらがよりよいかは、「子供の姿」からすぐに分かってしまうからである。

体操指導は、恐怖の授業研究の場となっていった。

「この体操は、この方法で」という技術が定着していった。

たとえば、首の体操は、次のように行う。

指示1　手を腰にして、空を見ます。
一、二、三、……八
指示2　肩はそのままにして地面を見ます。くつとくつの間を見て。
一、二、三、……八
指示3　首を右へねじります。東校舎の方を見て。
一、二、三、……八
指示4　左です。体育館の方を見て。
一、二、三、……八

必ず、「空」から始まる。遠くを見つめると、気持ちもすっきりする。「地面」から始めると、首といっしょに背中まで曲がってしまう。「空」「地面」に続いて、「校舎」「体育館」とモノを示している。

この体操をすると、一年から六年まで、呼吸が整ってくることが分かった。何度してもマンネリ化しない。私たちの全校体操は必ずこの首の体操からスタートする。

私たちは、度重なる(二年間)ヒト真似によって、どう変わっていったか。

1　一時に一事を考えて指示するようになった。
2　最後の行動(次の行動)まで示して、行動させるようになった。
3　全員に空白の場がないように配慮するようになった。
4　モノを示して行動させるようになった。
5　数を示して行動させるようになった。

若い先生の上達ぶりはすごかった。以前は、早口で、子供に声が届いていなかった若い女教師が、目を見張るような指導をするようになった。

ある年、中堅にさしかかった男の先生が、本校に赴任されてきた。一生懸命全校体操の指導にあたった。しかし、軍配は若い女の先生に上がった。

私たちには、子供が動いていない原因が、まる見えだった。

中堅先生のことを、とやかくは言えなかった。私たちも、ついこの間まで同じような指導をしていたのだから。

本校が、今のような全校体操を開始したのは一九八四年だった。この年は、法則化運動が開始された年だった。私も、その中にいた。

法則化運動で学んだ、「技術の発掘・開発・定着」の思想が、私の中に流れた。

その私が、体育主任として、全校体操指導のチーフになったのだった。

私は、輪番制指導を導入した。これが、「追試」のスタイルを生み出すことになった。

学びつつあった技術や原則(右の1～5のような)を、どんどん入れていった。

私は、「法則化」とも「追試」とも言わなかった。しかし、指導にあたる先生は、技術をまのあたりにして(よい技術は、教師根性をよびさませる)、結果的に、「追試・修正」を繰り返したのだった。

私たちの体操指導を大きく変えたのは、すぐれた技術を、「追試・修正」していけるシステムにあった。全国に法則化運動が広まりつつあった時、私も、校内で一つの法則化運動をしていた。

(2) 娘も跳べた向山式

私自身を大きく変えた追試といえば、やはり、「向山式跳び箱指導」である。

今から、四年前。私の娘が五歳の時である。

跳び箱が跳べないという。保育園の運動会でやるらしいのだ。

「だいじょうぶ。すぐ、跳べるから」

と、私は、確信を持って言った。

ということは、その時すでに向山方式に確信を持っていたということだ。

その年（一九八三年）、私は、二年生の担任をしていた。初めて「向山方式」を使った。本に書いてあるとおりにやったら、一時間の授業の中で本当に全員ができてしまった。

教育の世界にも、こんなにはっきりした技術があったのか。

私は、他の先生を体育館にさそって、「向山方式」を実践した。法則化運動の始まる前年だ。

私が娘に、跳び箱を教えたのは、こんな頃だった。

「すぐ跳べるよ」と言ってみたものの、跳び箱がない。

鏡台用の椅子に目をつけた。今、測ってみると、縦三六センチ、横三〇センチ、高さ四〇センチの小さい箱である。箱の上部にクッションがついていて、何となく本物の跳び箱みたいだった。

こんな小さな跳び箱なのに、跳ばせてみたら、なるほど跳べない。ドタドタとたたみの上を走ってきては、椅子の上にチョコンと乗っかるだけ。

さっそく、向山式のAを使う。

椅子のはしに手をつかせ、よいしょとまたがせること、三、四回。それだけで、もう跳べそうな気配がした。が、娘に、ちゃんとすべてを披露して、父親らしいところを見せなければいけない。

向山式のBを教えた。学校で指導した時と同じ調子で、おしりを支えてやる。

「なるべく、お父さんに持ってもらわないようにしてごらん」

と、これまた、小学生に対する指導と同じことを言ってみた。

すぐに、軽くなってきて、成功。

「ほら、お父さんの言ったとおりだろ。跳び箱は、だれでも、すぐに跳べるようになるのだから」

ひょっとすると、これが、向山式を五歳児に適用して跳ばせた第一号だったかもしれない。

能力などほとんどなく、ドタバタしか走れないような幼児に対してさえ、向山式は、有効だったのである。

運動会当日、園長先生が一人一人の跳び方について解説していった。跳べない子も何人かいた。

「○○ちゃんは、よくがんばりました。もう少しで跳べるようになりますよ」

こんな温かいはげましの言葉を、園長先生は、何度か口にされた。

私は、その度に恥ずかしい思いがした。

「なぜ、保育士さんたちに、向山式を紹介しなかったのか」と。

(3) 再出発の原点となった「向山式」

次の年(一九八四年)、私は、五年生の担任となった。

初めての体育の授業で「開脚跳び」をした。またしても、一時間で、全員できた。

前年の二年生の時とは、子供の反応が違っていた。長い間、「できない!」と悩んでいた子が何人もいたからだった。最後に残ったのは、M子だった。

太りぎみで動きの鈍いM子。体育の時間は、苦労してきたのだろうと思われた。

A式、B式を繰り返す。跳び箱をこすっていたおしりや両ももが、ついに触れずに抜けていった。

「おめでとう! 今まで、できなくて、苦労してきたんだろう」

つい、そう言ってしまった。

その時のことを、M子は次のように書いた。


（前略）先生が、「できた」と言ったとき、うれしくなって涙が出た。K君とO君とBさんが喜んでくれた。

わたしは、一年生からできなかったとび箱ができるようになった。


「一年生から」という表現が重い。四年間M子の上にのしかかっていたおもりを、向山式は、いっきに、取り払ってくれたのだった。

この作文は、実は、二年後の卒業文集におけるものである。やはり、M子は、あの一瞬のできごとを鮮やかに覚えていたのだった。

私は、跳べるようになったM子たちに感謝された。他の子たちも、「この先生は違うぞ」といった目で見てくれた。こんな目で見てくれる子供たちが、かわいく見えた。私は、がぜん元気になっていった。

「向山式」を評して、「跳び箱など、跳べなくてもよい」と言った大学教授や評論家がいるという。もし、お孫さんが、「跳べないよ」と言ったら、まさか、右のような暴言はされないであろうに。

「もっと、他の技術を身に付けねば……」

私が、新潟まで向山氏に会いに行った（大森先生、ごめんなさい）のは、この子供たちが五年生の五月であった。

ここで、私は、「法則化運動」を知る。

「追試」という言葉を初めて聞いたのも、この場であった。

八月には、法則化運動が開始された。

私の再修業が始まる。岩下学級は、法則化運動と共に進んだ。私は、M子たちを、五年、六年と担任した。

拙著『「指示」の明確化で授業はよくなる』の中で登場する授業は、すべてこの子たちを対象にしたものである。

私は、その中に書くのを忘れていた。

向山式跳び箱指導が、私の再出発の原点であったことを。

第4章

黒帯六条件　その三
──研究授業を一〇〇回せよ

1　手遅れの三〇代

私は「手遅れの三〇代」などという言い方をする。教師修業は三〇代からでは手遅れだということである。こういう言い方に対してわれわれTOSSでも「三〇代の教師」は心配をしているし、「四〇代・五〇代」の民教連の方々はかつて反発をされていた。

そこで、もう一度書いてみる。実をいうと「手遅れの三〇代」というのは本当のことなのだ。有田和正氏、野口芳宏氏、高森敏夫氏などの論文を読めば納得されるだろう。みんな二〇代教師の時に、本屋に借金を作るくらい、研究授業でコテンパンに叩かれるくらい勉強しているのである。

「新卒の時、どんな学校に行ったかで教師の一生が決まる」
「新卒五年目までの勉強がその後の教師生活を決める」

ということは、全国区の教師になった人間なら当然の常識なのである。ただ、こんなことを言ってもしようがないので、黙っているだけである。

二〇代の時に研究授業を一〇回もやっていない、本代を月に一万円くらいも使っていないというのは、やはり不勉強だったのであり、努力不足だったのであり、残念ながらプロへの道はかなり困難だと思っていいのである。

何事もそうなのだが、初めが肝腎なのである。しかし、「手遅れの三〇代」ではあっても取り戻せないことはない。三〇代からの出発だとすると「有田」「野口」レベルの全国区の名人クラスには手は届かないだろうが、それに近いところまではいくだろう。

むろん、二〇代教師の何倍もの精進をしなければならない。問題は、それができるかどうかである。

附属二〇年間を生き抜いてきた野口氏、全国各地で一〇〇を超える授業公開をしてきた有田氏、高森氏、国語・社会科・算数の授業の名人がご自分の研究授業について書かれている。若い教師には、多くの得ることがあるだろう。

またTOSSでは二〇代教師、三〇代教師が、それぞれ工夫をして「研究授業一〇〇回」へ挑戦中である。

次の代を担う人は、この「研究授業一〇〇回クリア」をした人から出てくると私は思っている。ここに書かれた教師を越えるような努力をされることを、ぜひ願っている。

2　上達の道を努力する者だけに黒帯は可能である。
――これが悲しいほどに厳然とした現実である

（1）研究授業一〇〇〇回以上の人が授業の名人

村上小学校で公開授業をした。

体育館で、一二〇〇名の前で行ったのである。マイクを通してするので、普通の授業とちがってくる。スピーカーを通した声が戻ってきて、それを聞いて「応答する」ということになる。目の前の子供に対して、朝礼台でマイクで話をするような話し方になるのである。当然のことながら、普通のテンポとまるでちがってしまう。

どれくらいやりにくいかは、自分で経験してみるとよい。しかし当然ながら、授業をする人間は、いかなることも言い訳をしてはいけないのである。一二〇〇名を前にしたマイクを使った授業、ビデオが三〇台も並んでいる授業でも、見る方は「教室の授業」と比べる。

有田氏、野口氏ほどに経験のある教師ならいろいろと見ることもできようが、経験がなければ、やはり自分の場合と比べるほかはない。それが自然なのだと思う。村上小学校の研修については、一九八九年に、『楽しい研修をどう創るか　村上小・授業研修フェスティバル・記』(明治図書出版)として書籍化された。

教師は、授業をするのが仕事である。腕を上げるためには努力を続けなくてはならない。

「授業の名人」と言われる人がいる。

全国に通用する「授業の名人」には、絶対の条件がある。それは、「研究授業」「公開授業」などを、数百回は行っているということである。(一〇〇〇回クラスといってもいいだろう)。

「自分は授業の名人」と心ひそかに考えている人が教育界に多いらしいが、本当かウソかを分ける基準はたった一つでよい。

「研究授業の回数」である。

むろん、「一〇〇〇回の研究授業」をしてない人の中にも「授業がうまい人」はいるだろう。子供を引き付ける人はいるだろう。しかし、それはやはり「授業がうまい」ということであって、「授業の名人」からはほど遠い。ためしに、参観者が数百名もいる体育館などで、どこか見知らぬクラスを使って授業をしてもらうといい。力の差は歴然である。

「一〇〇〇回」の研究授業をするためには、「自分のクラス」だけでは無理だ。

その人の力が認められ、各地から講演などに招かれ、夏休み、冬休みなど、その学校の子供を使って授業をするということがなければできはしない。

また自分の学校でも、「一回の研究授業」をしているだけでは無理で、「単元全部の研究授業」をやらなければならない。それも、何回もやらなければならない。

「一回だけの研究授業」などからは、うかがい知れぬレベルのちがいが存在するのである。

(2) 研究授業が教師を鍛える

授業とは難しいものである。

奈良教育大学附属小学校におられた辻貞三氏は、四〇年の教師生活で「良いと思った授業は三回しかない」と言われる。辻氏は、四〇年近い教師生活をほとんど無遅刻、無欠席ですごされた(校長になってから、兄君の逝去の際に一日休まれたと言われる)。それだけ、授業をやり続けて、わずかに三回である。

授業というのは、ある種の「緊張感」があって存在するのである。

だからよく「研究授業はふだんの授業でいい」という主張があるが、私は反対である。

教材研究をして何日も頭をひねって、指導案まで書いて準備をいろいろとして、そうしてやった「研究授業」が、「ふだんの授業」であるわけがない。「研究授業」がひどければ、ふだんの授業はもっとひどいのである。私は研究授業に対して言い訳をしたことがない。

私だって言いたいことはある。たとえば、有田氏との「立ち合い授業」の時、私の毎日は猛烈に忙しかった。法則化運動の立ち上げの時であり、毎日のように手紙を書き、通信を書き、原稿を書いていた。しかも、自分の学校の研究も進めていたのである。私は教務主任であり、研究の責任者だった。

しかも、立ち合い授業の直前、三週間前から、胸部にできた小さな静脈瘤が破れて、毎日出血していた。止血していたが、朝起きると下着が血にまみれていたのである。

一週間ほど前に外科に行ったのであるが、「大学病院でしか手術ができない」と言われた。入院したら「立ち合い授業」に参加できない。私は、そのまま止血して「立ち合い授業」の日を迎えた。私はこのことを、誰にも言わなかった。家族が心配していたが……。

時間もない、身体がおかしい、他にやることが山積みされているという最悪の条件で、私は「立ち合い授業」に臨んだのである。それだけ悪条件でやった授業だが、私は私なりに全力をあげたし、「意味ある主張をした」と思っている。

残念ながら当時は、多くの研究者・実践家は私の主張に注意を払ってくれなかった。法則化運動は誕生したばかりだった。

立ち会い授業後、私は村上小学校で、一二〇〇名の参観者で埋めつくされた体育館で同じ授業を行った。

前回と同じ主張をした。時間が経って見えてきたものがいくつもあったのである。

私は最悪の条件で臨んだ「立ち合い授業」でも、「私のすべてでした」と思っている。きっと有田氏なども同じことだろう。しかしいかなる事情があろうと、公開授業をすれば「これが私のすべてです」と、授業者は言うべきなのである。

それを「ふだんの授業はちがうのです」などと、責任のがれのふぬけたことを言う人がいる。そういう人に限って「研究授業」もひどいし、ふだんの授業はもっとひどいのである。

研究授業で鍛えられてない人には、いろいろな特徴がある。たとえば、前もって子供の意見を紙に書いておいて、黒板に貼り付ける人もそうである。こういう人は熱心であるし誠実なのだろうが、残念ながら授業に「きたえ」が入っていない。泣きが入っていない人である。私は黒板にベタベタ貼ってあるクラスは、短く切りあげることにしている。

授業が終わった後に、子供を立たせて参観者に「礼」をさせる人がいる。中には「ありがとうございます」と言わせる人もいる。参観者に授業者が礼をするのはいいだろう。黙礼ぐらいしてもいいかもしれない。しかし、なぜ子供が礼をするのだ。

子供は迷惑しているのである。子供の立場からは、参観者に「礼」をすることなど出てこないのである。それに「礼」をさせる。これは、教師がよく思われたいからだ。自分が良く思われたいために、子供に媚《こび》を売らせているのである。ここのところが「最低」なのである。

子供たちは「誇り高く」育てるべきだ。媚など売らせてはいけないのである。

むろん、授業前に入室してきた参観者に礼をしたり、声をかけたり、帰っていく参観者に「さようなら」と言うような子に育てるのは大切だろう。子供をしっかり育てていれば、そういうことは自然に出てくるようになる。子供のそうした自然の姿はほほえましいものだし、心がなごんでくる。それでいいのである。それを授業後に起立させて「ありがとう」と言わせるとは……。

私は、そういう場に一瞬たりともいたくはない。それほどいやである。子供がかわいそうになる。

(3) 研究授業のお稽古

教師の都合といえば、「研究授業のお稽古」がある。

つまり「研究授業」と同じようなことを、前の時間にやっておくことである。念を入れる人は別の単元でやっておくし、他のクラスを借りてやる場合もある。このような「お稽古」は、どこの学校、どこのクラスにも見られる。

みんながひそかにやっていて、分からないだろうと思っているだけである。見る人が見れば一発で分かる。このような「お稽古」が自覚されて公然とされているなら、それはそれとして意味を持つ。「他のクラスでやったらこうだった」「前の時間はこうだった」ということが、はっきりと出されるのなら意味がある。ところが大方は、ひそかにやっておいて「私の授業はこんなにすばらしい」と思われたいらしい。

大体、こんな隠し立てが通用していることが、レベルの低さを表している。全国区の人になった人なら、本当の達人と言われる人なら「お稽古」など通用しない場数を踏んでいる。たとえば、「他のクラスを借りての研究授業」である。これはぶっつけ本番だから、「仕掛け」のやりようがない。こういう経験をした人は「教材」を準備するようになる。

あるいは、一単元全部の研究授業である。これも、「仕掛け」ようがない。

私の場合は、「一単元全部をビデオ録画する」という場合がある。ネクタイに録音マイクを付けてやるのである。これはもっと厳しい。授業中のすべての音を拾われるからである。

このように、「お稽古なしの研究授業」を自分に課すべきである。「お稽古のある研究授業」などというのは、新卒二、三年でクリアすべきだろう。

とにかく研究授業で面と向かって本人に言えば角が立つだろうから、そういう方法を避けて、「向山がへんなことを言っていた。自分によくあてはまる」などということで、自分のザンゲとして話せば、少しは広まっていくと思う。ひそかにお稽古をして、それが白々しく通用するなどというのは、教師の恥だと私は思っている。

（4）研究授業一〇〇回でセミプロ

黒帯六条件の中で最も困難なのが、「研究授業一〇〇回」である。

毎年三回やっても三〇年以上かかるわけである。全校の職員に集まってもらっての研究授業など、そんなにできるわけがない。物理的に不可能である。

そこで、小さな研究授業も含めることにする。「小さな研究授業」とは、たとえば学年の先生方に見てもらう研究授業である。たとえば、同じ学校の気の合う先生方に見てもらう研究授業である。どんな学校にも学ぶべき先輩はいる。心からお願いすることである。

たとえば、校長・副校長先生などに見てもらう研究授業である。たとえば他校からの参観者に見せる授業である。こういう条件の整わない小規模校の教師は、ビデオにとってサークルで検討してもらってもよい。

ただし「研究授業」なのだから、ただ見てもらうということでは駄目である。成果を上げるためには、いくつかの条件が必要となる。最低、次のことは必要である。

A　学習指導案の印刷・配布
B　授業後の検討会（短くてもいい）
C　授業者の分析・自評の印刷・配布

これ以外にも、できたら「授業のテープ起こし」「教材研究の会」などがあったらいい。しかしそれは、いつもできるわけではない。そういうことは、何回かに一回やればいいだろう（しかし、向山を本気で抜くのなら、少しは本気でしていただきたい）。

いずれにせよ、A「指導案」、B「検討会」、C「分析」の三つは必要不可欠である。研究授業の三条件である。これは、必ずしていただきたい。

さて、枚数だが、私は「最低一枚あればいい」と思う。ただ一枚ではあっても、「言葉を吟味した」完成品であってほしい。「メモ」「覚書」程度では、不足である。そういうのは、黒帯をクリアしてからやるものである。

むろん、一〇〇回に一回くらいは、三〇枚、四〇枚という堂々とした指導案、分析がほしい。学校全体でやる時、市や区の研究会で行う時がチャンスである。そういう時は集中して学べる。多くの人も見てくれる。堂々と印刷することもでき、用品を揃えることもできる。相談に出かけることも可能だ。

私はなぜ、研究授業を嫌がるのか不思議である。これほど成長する場所はないのだから。

ＴＯＳＳの仲間は、どこでも研究授業を引き受けている。一〇〇回に挑戦している人も多い。研究授業だけでなく、ＴＯＳＳサークルでの模擬授業やＴＯＳＳ授業技量検定に挑戦して、急速に授業力を向上させている教師が次々と出ている。

二年後、三年後、五年後、努力の差ははっきりと表れてくる。上達の道を努力する者が確実に成長する――これは、いかなる修業でも同じである。黒帯までは、才能に関係なく誰でも到達することができる――これも、いかなる修業でも共通の原則である。

二年後、三年後、五年後に実力の差がはっきりとつく――これは揺るぎない「上達の法則」である。「実力」は、口先だけではどうにもならない。努力した者には、それなりの結果が出て、怠る者にはそれなりの結果が出る――悲しいほどに厳然とした現実である。

3　若き教師の研究授業への挑戦

研究授業一〇〇回は大変である。しかし、それに挑戦する多くの若き教師がいる。『ツーウェイ』誌から二人の手記を紹介する。

問題は常に自分自身にあり、正攻法で突破——今村浩士（宮城県・松島第一小）

(1)　はじめに

研究授業一〇〇回——。私は、向山先生が黒帯六条件という形で出される以前に、これをめざそうと心に決めていた。

しかし、すぐに第一の壁にぶちあたった。やりだすまでの、はじめの数回がきつかったのである。私は、第五条件入門編を次のように突破していった。

(2)　教職三年目のころ

私は校内研究その他で、研究授業のチャンスがあれば進んで引き受ける気でいた。しかしそれとて一年に一回か二回であり、やはり自分から「私がやります」とはなかなか言い出せるものではなかった。

それでも、法則化を知る以前に所属していたサークルのおかげで、自分の授業を録音し、それを起こして検討してもらうということはしていた。

(3) 教職四年目で

勤務校が現任校にかわっての一年目、校内研究をやりたい気持ちはつのるばかりだったが、思うようにはいかなかった。

この時期、黒帯六条件というものを目にしており、ぜひともと思っていたので、校内研究など公的なものは私が受けていた。しかし六条件をめざす者にとっては、これだけではあまりにも少ない数である。問題は自主研究授業をどうするか、にかかっていたのであった。

授業への招待

私は、次のようなお誘い文書を職員室後方の黒板に貼り、授業にのぞんだ。

私は、次のような自主研究授業をします。ぜひ見に来てください。（略）
○月○日　○校時
社会「いろいろな土地のくらし」

校長先生と若い先生二人が見に来てくださった。こんなものでもやってみるものだと思った。

しかし私はまだ、「研究授業をします」「授業を見に来てください」と直接言えなかったのである。

職場によけいな波風を立てているのではないか、変な目で見られているのではないかと、愚にもつかないことを気にやんだ。他人がどう考えているのか所詮わからないものなら、気にせず自分がやりたいようにすればよいのではないか。今思えば、なんでもないことなのである。

問題は、私自身の内部にあったのである。

他人の考えは所詮わからぬものである。

ならば、やりたいようにやればよい。

問題は常に自分自身の中にある。


こう結論付けた時、私の中でなにかふっ切れるものがあった。

(4) お誘い文書から指導案へ

次の年私は、お誘い文書をやめ、職員全員に指導案を配ることにした。

それは、なんでもないことであり、一番かんたんなことであった。また、やってみて気付いたのだが、他人の思惑など、まったく苦にならなかった。

それよりもむしろ、私の指導案を先生方がどのように読んでいるか、その反応を感じることを楽しむことができた。

指導案には、これが自主研究授業であることを明記し、参加を呼びかけた。

次は、その一部である。

本授業は、まったくの自主研究授業です。……（略）
四五分での授業の欠点は五分でも出るといいます。いそがしい時期です。無理は言いません。できる範囲で参観してくださることを希望します。……（略）

授業には、校長先生、副校長先生はじめ学年の先生など十名前後の先生方が参観してくださった。

校長先生は、毎回、短い時間ではあるが、一対一の事後検討会をひらいてくださった（もちろん、サークルでの指導案検討、実践検討はやっている）。

授業の感想を文書で出してくださる先生もいた。

その年、三月にやった研究授業は、野口芳宏先生の追試で、国語「大きなお風呂」の授業であった。参観してくださった教職二年目の男の先生は、さっそく私の授業を追試し、その結果を報告してくださった。

本当にありがたいことである。授業を見ていただくだけでうれしいのに、検討会、感想、追試までしていただくことができたのである。

自分の勉強のためと思ってやった自主研究授業に、多くの先生方が協力してくださった。

そもそも自分一人では成立しない研究授業である。だれか一人が研究授業をするということは、自ずとまわりの先生方にも影響を与え、研修を共有することになったのである。

六条件をめざすことによって得た成果であった。

(5) 六条件は入門編突破がカギ

研究授業は、最初の五回をいかに突破するかにかかっている。

私の場合、自分の内部の問題であったが、おそらく多くの人もそうであると思う。とにかくやってみることだ。指導案を書いて出す。来る人は来る。正攻法で攻めるのである。

まさに、「案ずるより生むがやすし」であった。

この年（六十二年度）、私が行った研究授業は次のとおりである。

理科「ザリガニ」
理科「空気」（他のクラスを使って）
理科「空気」
理科「足はなんぼん」（仮説実験授業の追試）

体育「なわとび」（利府三小出張授業）
体育（講座）「なわとび」（セミナー）
国語「スイミー」（追試）
道徳「すずめさんごめんなさい」（さんない竹川氏の追試）
道徳「きてよかった」
国語「大きなお風呂」（追試）

私はすでに入門編は突破した。あとはこの勢いに乗ればいい。

やがて、第二第三の壁につきあたるだろう。今の私は、それをどう乗り越えるかを想像することが楽しみにかわってきている。

第5章

黒帯六条件　その四
――研究会に一〇〇回出席せよ

1　腕の上がる研究会への参加の方法

研究会への参加は、上達のための必須の条件である。ただし、研究会へ参加していればいいというものではない。

かつて、私の知っている人の中に、民間教育運動のサークルに熱心に参加されている方がいた。五〇代の女性の教師で、もう三〇年近く出ているという。子供が小さい時も、連れて参加したという。子供を大切にするすばらしい方であった。

ところが、研究授業や運動会の指導を見て私は呆然となった。「次から次に指示が連発され」「子供の動きがバラバラの指導」だったのである。私はこの先生から「向山さん、教育は技術じゃないのよ」と強く批判されたが、複雑な気持ちだった。この先生は、毎月サークルに参加していたが、ちっとも力にならなかったのだ。提案するのは、年に一回だという。

この先生の力量が上がらなかったのは誰の責任なのか？　三〇年近くもサークルに参加しながら、なぜ「指示の連発」「バラバラの動き」の指導しかできなかったのか。この時私は、自分たちのサークルでは決してこのような誤りをすまいと思った。三〇年近くのサークル活動を通して「これでは駄目だ」ということを、その先生が教えてくれたのである。

研究会への参加は、上達のための必須の条件である。ただし、上達のためには次のことが必要である。

一　「良いものは良い」「駄目なものは駄目」と率直に言い合える研究会である。「今日のお授業はすばらしかったです」などと、心にもないことを言うような研究会では力は育たない。
二　自分が毎回提案することである。提案は何でもいい。職員会議の時に作ったプリントでもよい。学級通信でもよい。自分が提案者になるのでなければ、出席しても価値は激減する。

そして、「研究会への参加」は一つの条件で、他にも「研究授業をする」「すぐれた技術を学ぶ」などの諸条件が必要となる。言うなれば、黒帯六条件が必要なのである。

このような学ぶ場は、なかなか見つからない。「志」のある人は自分たちで作った方が早い。

TOSSサークルなどが全国で次々と結成されているのは、「このような研究会がほしい」と思う人が多くいるからである。

2　向山は論文審査の力をどこで身に付けたのか

私の論文審査は、一本あたり二、三分である。ぱっと目を通して、判定を下すことになる。「あんな短い時間に判定を下すのだからいいかげんだろう」と思われるかもしれない。しかし、参加している人の多くは（ほとんどの方は）納得する。

論文審査を見たことのある研究者の方々は（宇佐美寛氏、明石要一氏、波多野里望氏、藤岡信勝氏、二杉孝司氏、深川明子氏、大西忠治氏、井関義久氏、斎藤勉氏）、それぞれ「これはすごい、聞きしに勝る」と感想を述べられる。

論文審査こそ「法則化運動」の一つのポイントであり、今のところ向山にしかできないというわけである。

法則化合宿には一〇〇〇本を超える応募論文が持ち込まれる。段ボール一箱になる。前もって見ておくゆとりはない。私も、その場で目を通すのである。何が出てくるか分からない。

それを一分ぐらいで見て、審査するわけである。どのような審査内容かは当時の『授業研究』誌の連載に詳しい。

印象批評は駄目で、「具体的」であることが必要になる。

そんな私を見ていて、若い教師が「どうやったら、あのように審査できるのですか」と聞いてくる。

そんな時、私はどのようにして力をつけてきたかを語る。私は、論文審査の力を、主として六つの場所で付けてきた。


第一は、京浜教育サークルである。私が新卒の頃、石黒、松本、井内氏と共に結成したサークルである。その頃は毎週、研究会を持っていた。春、夏には合宿をして、民間教育団体の研究会にも出席した。

このサークルは、毎回全員が文書で提案を行う。全員の提案を集めると、一回分がファイル二冊分ぐらいになる。私はこのサークルを法則化中央事務局になるまで二〇年間やってきて、ほとんど欠席しなかった。

数字で示すと次のようになる。


私は二〇年間で、五〇〇回を超える研究会と、五〇回ほどの合宿に参加した。毎回、文書による提案を行ってきた。

京浜教育サークルが、法則化中央事務局を担当できたのは、これだけの積み上げがあったからである。

第二は、学校の研究・仕事である。私はその二〇年の間、学校の研究・仕事には積極的に参加をしてきた。

新卒の頃、児童活動の研究を深め、「大四小の児活」という研究紀要にまとめた。「学級」「学年」「学校」の三年分がある。また、「分析批評による国語」「資料活用の社会科」「活動する理科」など、その時々の研究に参加した。

研究授業の時には大量の「報告」「指導案」などを発表した。ある時は一回分で一〇〇枚もの指導案を書いた。

研究主任の時は「研究通信」を、生活指導主任の時は「生活指導研究」を発行してきた。全国から一〇〇〇名の参観者を得ての公開発表もしてきた。

学級通信も、今までかなりの数を発行してきた。研究授業も、多い時は年に二、三〇回もやってきた。

　これらの結果が、当時の二〇冊を超える私の本である。私の本は半分以上が、かつて発行したものを編集し直したものである。

　その二〇年間で、学校の研究・仕事で私が書いた文章は、原稿用紙に換算して一万枚を突破しているだろう。

　第三は、ある大手出版社の教材企画である。私たちのグループが、ある大手出版社の教材の見直しを依頼された。

「すぐれた教材を作りたい。ご自由に斬っていただきたい」という依頼だった。

　その教材は、全学年にわたって四教科で作られていた。教科書対応をしているので、同じ「五年国語」でも何種類かある。

　この教材の執筆者は、附属小の教官など力のある方が担当されており、その数は一〇〇名を軽く超えている。この教材を、根本的に徹底的に再編するのである。一年以上かかる大仕事である。合宿も何回も持った。日本中の教材はすべて目にした。外国のものも目を通した。

　やがて、一つの教材の骨格が出来上がっていった。「子供が使う教材を創る」仕事は、こわい仕事である。ほんのちょっとしたミスも許されない。「教室で教える」のとは、一八〇度ちがう発想が必要になる。しかも、結果は、事実で出てくる。「言い訳」は通用しない。

全国屈指の、教材の企画集団の責任者を私はやっていたのである。日本中のすべての教材に目を通して、しかも未来の教材を作り出す仕事をやっていた。

第四は、コンピューター用の教材企画の責任者をしたことである。

四年チーム、五年チーム、六年チームの三チームがあって、私は三つのチームの責任者であった。たとえば四年チームは、私が責任者で、他に四名がいる。

ある教科は教科書や本を書いている著名な人、ある教科はＮＨＫの学校放送の責任者、ある教科は本を何冊か出している附属小教官、ある教科は雑誌連載をしている注目の実践家、そしてチーフが私、これが四年チームである。他のチームも同じようである。実力集団ということがご理解いただけよう。

この五名で、ある単元のコンピューター教材を作り上げる。そしてＮＨＫのプロデューサー、ライターと検討に入る。

これが、ものすごいのだ。一つ一つ、原理・原則から質問してくる。

たとえば、「一年生で、九という数《かず》を指導するのには、前提に何を押さえておくべきか」というようなことである。

もちろん、教師の方もプロだから答える。しかし一つ一つ、具体的に念を押してくるのである。教師の世界では、絶対に見られない光景だ。「すごい」のである。

時には、けんかごしの論争にもなる。なまじっかな知識や論理では、映像のプロを納得させられない。この「論理」を構築するのが私の仕事である。近ごろ「論理のないホーツク化」などと本も読まないで批難する人がいるが、私は教材をどうするかという論理を、嫌というほど論争してきた人間なのである。

この研究会は、三年近く続いた。勉強にはなったが、疲れた。これを週に二回も三回もやっていたのである。

第五は、ＮＨＫのクイズ面白ゼミナールの教科書問題の作成である。

この番組は最初、正月特集として作られた。私は最初から参加した。

六名のチームでずっとやっていた。他の人は、ＮＨＫ学校放送の中心の方々である。六名が何十問かの問題を作って会議に出て、問題の検討をするわけである。面白ゼミナールは、特別番組から木曜日のレギュラー、日曜日のレギュラーと変化していった。

問題作りも最初の一、二年は楽だった。ところが、三年目になるとつらくなってきた。NHKの会議に出るような人は、皆それぞれの分野で一流である（ついでに書くと、このような人はそれほどいないのか、他社の企画の会議でも顔を合わせるようになる。このように、いくつかの企画で、顔を合わせる人は、一人前に仕事ができる人である）。

そういう人は、仕事もよくできる。一、二年もすると「すべての教科書・問題集」に目を通して、問題も出尽くしてしまう。外国の教科書にも目を通す。

四年目になって、出題者が全員入れ替わった。新しいチームが結成されたのである。ところが、新しいチームは一年で終了して第三のチームが作られた。その時に古いチームから向山が、新しいチームから有田和正氏が入ることになった。

私は、NHKクイズ面白ゼミナールの教科書問題の作成会議に六年間、途中の一年間を抜かして、ずっと参加していたことになる。

この間、教科書はすみずみまで読んだ。教科書に関連する周辺の本も読んだ。そしてNHKの会議では、他の先生方の作られた問題を目にすることができた。

これを六年間もやっていたのである。教科書に何が書いてあり、それをどう料理するかなどという、プロの方法をじっくりと学んできたことになる。

第六は、法則化の応募論文を読むことである。

法則化の応募論文には、さまざまな情報が詰まっている。若い教師が、真剣に書いた努力の結晶である。

私は必ず、全員の書いたものに目を通す。それも審査しながらである。普通に読む時の一〇倍は疲れる。あまりにも量が多いので、頭がボーッとしてくる。それでも目を通し続ける。

今までに、一万本以上目を通した。これは「教育技術―方法の本」を三〇〇冊、真剣に審査しながら目を通したことになる。

さて、以上の六つが、私の論文審査に役立っている。

厳密に言えばもっとある。たとえば、私は本をよく読む。高校生の時から今日まで、一日に平均二冊は読んできたと思う。毎月の書籍代は二〇万円は軽く突破するだろう。こんなことを書くと、若い教師に気の毒なのだが、事実である。

また私は、多くの人と毎日のように会う。

社会の第一線で活躍されている方々だから、生きた情報を聞くことになる。全国から、企画書やサークル通信や学級通信や指導案が送られてくる。これらのことも勉強になっている。

しかし、論文審査の力をどう付けたのかと問われれば、ポイントは先に挙げた六つである。

質問をした若い教師に私は付け加える。

> 向山に追い付きたいのであれば、「論文審査」という点からだけ考えても、先の六つのことの一つぐらいは向山を抜かないと駄目です。
>
> 黒帯六条件はまた別のことです。
>
> 「論文審査の六つの目安」とでも言えるでしょうが、一つはクリアすることです。

この本を読まれている方の中には、向山に批判的な方もおられるだろう。

しかし向山は、自分の力を付けるために先のようなことをしてきたのである。向山を圧倒するような努力の上に、向山批判を語っていただきたいと思う。

多くの若い教師が、ＴＯＳＳに参加する人が多い理由の一つは、向山のこの努力を事実として認め、自分も一歩でもいいからそれに近づき、できたら越えていきたいからなのである。

およそプロとは、すべて実力の世界である。口だけでくつがえすことはできない。「黒帯六条件」といい「論文審査の六つの目やす」といい、私は私なりに努力をしてきた。教師修業を続けてきたのである。


こういうことは、努力さえすれば誰でもできる。可能である。

しかし、法則化運動のような教育運動を起こすことは、誰でもできるわけではない。これは、運である。

あるテレビのインタビューで「どうして法則化は成功したのですか。原因は何ですか。貴方のどこが良かったのですか」と問われた。

私は次のように答えた。


これは、私の実力のためではありません。

五〇パーセントが運です。時代がそれを求め、時代が後押ししてくれたのです。

久木さんが私の本を出して下さったのも、出口論争にめぐりあえたのも、江部さん、樋口さんに出会ったのも、みんな運が良かったのです。

しかも、多くの研究団体が変化の時期にあり、「理念」より「事実」を求める世の中の動きがありました。

法則化の三〇近くの企画はすべて成功していますが、これも時代が応援してくれているからです。

いろいろな形での後押しがあるからです。

運というのは、それを大切にしていけば味方をしてくれますが、いい気になったり、思い上がったりすると離れていきます。一度離れた運は再びやってきません。

中央事務局では、「いい気になる」ことは厳しく批判されます。

残り五〇パーセントのうちの二〇パーセントは、「人を得た」ということでしょう。中央企画室にしても、ツーウェイプロジェクトにしても、中央事務局にしても、全国のサークルにしても、私はすばらしい人が集まっていると思っています。

教育運動史上、最強の陣立てだと思っています。他の企業の方々がうらやましがります。「向山先生はいい。こんなに力のあるスタッフに囲まれているのだから」と言います。

企業の目から見てもうらやましいと思えるようなスタッフは、今までの教育運動にはなかったと思います。

残りの二〇パーセントは、努力だと思います。

相撲でも、最も強い人である横綱が最も練習するわけです。法則化が強いのは、そこに参加する教師が、人一倍努力をしているということだと思います。

向山を抜くことは並の努力では話にならないことを、よく分かっているのです。私自身が努力していますから、半端な努力では、抜くどころか、差が開くばかりです。

そして最後の一〇パーセントぐらいが、実力・才能ということだと思います。

つまり私には、「法則化運動を誕生させ発展させる」ような力があった――それはそれまでの蓄積ですが――ということでしょうし、このような仕事に向いていた、合っていたということでしょう。才能というのはつまり、自分に合った分野を見つけ出す能力が大半をしめていると思います。


私はさまざまな研究の場を持ってきた。

多くの体験をしてきた。

半端な努力ではなかったつもりである。

『教室ツーウェイ』一九八七年一二月号に阿部肇氏が書いていたが、親指の平らな部分、指紋のある部分に「ペンダコ」ができるほど書いてきた（法則化運動の立ち上げの時である。手紙も毎日、何十通と出してきた）。

阿部氏は、一〇〇本の応募論文を書いて、やっと親指の平らな部分にしこりができたという。それがタコになるには、まだまだ大変だ。

しかし、私は確信し、期待している。

この時代が後押しした法則化運動が発展したTOSSに参加されている青年教師の中から、向山に追い付き、追い越す教師が生まれてくることを。そして、これから学んでいこうと志を持つ人のなかからこれからの日本を担う、実力ある幾多の教師が誕生することを！

3　北海道・鹿児島から京浜教育サークルへ参加

私の学ぶ場は京浜教育サークルであった。そこに、飛び入り参加した、北海道、九州の若き教師の体験談をご紹介する。

京浜教育サークルに参加!!――松岡宏之（北海道・川北中）

高鳴る心臓。血液が逆流し、全神経が指先に集中する。

「ブザーを押すのだ。早く」もう一人の自分が私をせかす。こんな私の心の葛藤を、道行く人はわかろうはずもない。

一月一〇日、午後三時。向山先生宅の玄関先の出来事である。

ドアが開かれた。やさしそうな女性が立っておられた。向山先生のお母上である。聖母マリア様のように感じ、心が安らいだ。

しかし、もうすでにサークルは始まっていたのである。愕然となった。だが、なんと幸運なことだろう。向山先生の隣の席に案内して下さったのである（遅刻の理由があったからだと思う）。

この日のサークルの内容をざっと紹介する。

「第4回20代講座について」小松先生／「学級経営案の書き方」板倉先生／「教育課程の編成について」新牧先生（なんと、「大塚の教育」を戴いた）／「ツーウェイ4月号原稿　他」石川先生／「哲学の道　他」石岡先生／「30代講座報告」長沢先生／「法則化サークルの未来」新牧先生／「スーパーとびなわ活用マニュアル」下山先生／「日本教育新聞、新英研のプリント　他」向山先生／「法則化体育授業研究会通信」根本先生

ともかくテンポが速い。そして、質も高い。

大切なところでは、論議になる。その中で、今後のいろいろな企画についても次々と決定されていく。私は、ただ「ア然」として聞いていた。

「さあ、始めましょう」次々と、酒、おかずが運ばれてきた（今日は、新年会なのである）。

「あれっ？　ぼくのレポートが……」「そうか、ぼくは遅刻したのだ……」

無念であった。何のために今日まで東京に残っていたのだろう。身重の妻に会わす顔がなかった。

「乾杯!!」「北海道からご苦労様――」

先生方は温かく話かけて下さり、本当にうれしかった。でも、私の心の中は、自分のレポートを検討してもらえない無念さでいっぱいであった。

「京浜サークルのメンバーを知っていますか？」と向山先生。

知らない先生などいようはずがない。京浜サークルの先生方全員、私の憧れなのである（小松先生、緊張のあまり失礼しました）。

一人ひとり、先生方の名前を呼んでいる時に思った。

「チャンスだ。今しかない！」と。

名前を全て呼び終えた時に、意を決して口を開いた。

「すみません。ぼくは、合宿に参加したことがありません。論文を斬られたことがないのです。お願いします」と。

向山先生は取り上げて下さった。「ＡＢＣで順番に評価して下さい」と。

やった。ついに斬ってもらえる……。

そして、いきなりである。

「Ｚです」

さっきまで仏のように思えた一四人の先生方が、たちまち恐ろしい閻魔《えんま》様に見えた。でも、それだけの論文の内容なのである。京浜に参加した先生方が体験された、「快い敗北感」を、このとき私も味わった。

二次会のおすし屋さんに行く前に、向山先生が、部屋に案内して下さった。感激……。

ツーウェイ「向山洋一・花の戦場」の記憶にあるものが目に入る。本もぎっしり。

ピアノ室が目についた。酔った勢いでビートルズの「レット・イット・ビー」を弾いてしまった。そこへ、可愛い娘さんが来た。

「おじちゃん、お上手ね。恵理も弾いていい？」小さな手で「一つ星」を弾く恵理ちゃん。それを見守る向山先生。ほほえましかった。

この日、参加する前に「クナシリ通信」を書いた。

クナシリ通信　44号　1／10（土）

●第1回30代講座に参加する。

> 費用15万円
> 参加料　3・4万。　準備費　1万。
> 旅費　7万。　交通費　0・5万。
> 予備費　3・1万。（吹雪等で飛行機が空港に降りられないことがあり必要）

共稼ぎは3年前にやめている。（息子出産のため）さて、どうやって15万円を集めるか。切実である

私の方法を紹介する。（是非追試を）

一　端数預金をかき集める。

二　部活動手当。

三　出張手当（道研、教研の出張費を精一杯きりつめ、うかせていた）

これで10万円あと5万円。もう限界である。家人に手をつき、頭を下げた。実は、1月

中旬に2人目の出産なのである。

家人は問うた。「私と法則化とどちらを選ぶの」と。

私は答える。「そんなもの決まっているじゃないか。お前だよ」と。

そうして参加した30代講座……。命がけである。必死である。だから進んで恥もかく。

次回は参加できるだろうか。また、涙ぐましい努力が始まる。

今日は胸ときめく日である。京浜教育サークルに参加できるのである。バッサリと斬られるのがわかる。恐ろしい。

でも、あと、12時間50分後には憧れの向山先生の家にいるのである。これから寝ることができるだろうか。

どんなにこのときを待ち焦れたろう。おお、神様……。アーメン。

京浜教育サークル。私たちの憧れであり、目標でもある。

二次会のおすし屋さんで感じた。京浜サークルはネアカである。法則化運動は、ネアカなのである。だから、参加していて本当に楽しい。

オホーツク、クナシリサークルに、京浜の先生方一人ひとりからメッセージを戴いた。最高の御土産になった。私にとっても、最高の上京であった。

「京浜教育サークル」参加──花山潤治（鹿児島県・伊唐小）

(1)東京へ向かう飛行機の中、私はいつになく緊張していた。飛行機が落ちるかもしれないなどという緊張ではない。

何を隠そう今日は「京浜教育サークル」に参加できるのだ。

上京の機会がある、向山先生に会いたい、手紙を出す。すると七月のサークルへのさそいが記されたハガキがきた。とびあがって喜んだ。ただし、レポート持参が書き添えられていた。

浜松町までモノレール、あとは電車を乗りついで旗の台駅に降り立った。

約束の時間にはまだ間がある。喫茶店に入る。

思えばこの二週間、いろいろな思いでこの日を待った。とても楽しみなのに、なんだかこわい。全身に力がみなぎるような、それでいて胃が小さくなるような、とても複雑な心境であった。

何はともあれ、ここまで来てしまった。もう、ひきかえすわけにはいかない。

(2)向山先生宅の近くのたばこ屋の前でうろうろしていると、大きな男の人が、かさをさして歩いてくる。
ちょっと色のついた眼鏡。もじゃもじゃ頭。この前、ニューステーションで見た顔だ。

「失礼ですが、向山先生では」

「ええ、そうです」

後ろからついていく。あいにくのくもり空で影こそなかったが、三歩以上は近づけない。

向山先生の家に入る。まず本が目につく。そこらじゅうに本がある。うらやましい。

向山先生の母上様がいらっしゃる。ふつうの(?)御婦人である。「向山洋一を生みおとした」という私の勝手なイメージとは違ったやさしそうな方である。

向山先生が、届いたばかりの明治図書の雑誌の八月号をズラーッと並べて、「読んでいてください」と一言。

すごい。八月号が目の前にある。うちの島では、確実に一週間はおくれる。さすがは東京だ。
(3)そうこうするうちに、ひとりふたりと、先生方が集まる。

新牧先生、小松先生……次々とあこがれの先生の登場である。ところが、この先生方が、どこにでもいそうな普通の（？）先生なのである。私の隣にいらした先生など、まっ白な通知表をかばんに入れていらっしゃる。

私と同じだ。なんだかうれしくなる。私のまわりにも、この人たちとよく似た人がいる。そんな普通の先生がこのようなサークルをつくって活動していらっしゃるのである。

私にもできる。

(4)「始めましょうか」という、向山先生の言葉でいよいよ始まる。期待に胸がふくらむ。

驚いた。『教師の才能を伸ばす』（明治図書）に書かれていること、そっくりそのままなのである。そっくりそのままわかる本。これはすごい。今、こうして書いている自分の文章がわかりにくいのとは対照的である。

テンポが速い。一人分が何枚もあるレポートに対して、一言二言の検討が加えられるだけである。「これは」というところでは時間がかかる。レポートの内容もさまざまである。

［この日のレポート］

○新牧先生

学級通信「ＮＥＳ」26・27号／重点研究会資料・研究協議録／生活科（仮称）の素案（報告）

○松本先生
教育実習生指導記録

○大川原先生
日光林間学校のしおり

○石黒先生
学級通信「ツーウェイ」１９４～２０１号

○石岡先生
学級通信「よいこにこにこ」１６７～１７０号／学級通信「いっぽいっぽ」66～80号／日野市立旭ケ丘小訪問記／『分析批評で国語科授業が変わった』再版に／帰省・授業研究会案内

○舘野先生
中萩中小・六一年度研究テーマについて／学級通信「いきいき」47・48号／キョウリュウの話、教科書の文を検討する

○板倉先生
学級通信「Z」22〜25号
○鈴木先生
『教室ツーウェイ』原稿／『小学校学級経営』原稿
○向山先生
「全国へき地新聞」より／NHKからの手紙
厚さ約三センチになる。

(5)「先生のレポートをいきましょうか」
先生とは私のことである。用意してきたレポートを配る。「ボールゲームにはグリッドを」これが私のレポートの題名である。一通り音読する。知らず知らず早口になる。声がうわずる。ボーッとしてくる。そして読み終わる。

「具体的な場面が浮かんできません」石黒先生の一言。するどい。なんとか説明しようとするがうまくいかない。文章に表現できない自分の力のなさをひしひしと感じる。普通なら即座に「次」となるところであろうが、お情けでかなりの時間をかけていただく。

(6)レポートの検討が終わる。

「どうでした。感想は」向山先生の温かい声である。中身がすごいことは言うまでもないが、ずいぶん和やかななかに進行していった。それでいてなれあいでない。ここにも「一匹狼のたくましさと野武士のごとき集団」があった。

向山先生にいろいろ聞きたいことがあった。しかし「おわりのない歌」を聞くのがやっとであった。向山先生たちを正視することができなかった。なぜか。私の実践の事実が薄っぺらだからである。

(7)礼を言って旗の台駅へ向かう途中、私もまた多くの青年教師同様、さわやかな敗北感を覚えていた。向山先生を、京浜教育サークルをターゲットに、事実を積み上げていこうと意をかたくした。

第6章

黒帯六条件 その五
——公的論文を一〇〇本書け

1　論文を書く意味

論文を書くことは研究活動に参加することであるとともに、教師修業の重要なステップである。

口でならいくらでも教育論は語れる。二時間でも三時間でも、立派な教育論を語れる人はいくらでもいる。しかし、二時間でも三時間でも教育論は語るのだが、授業となると首をかしげたくなる人もけっこういる。

つまり、口先ほどに技量は付いていないわけである。そういう人の多くは、文章を書かせても何を書いているか分からない。要するにそれは、一般論を次々と話してみせるだけであり、ありふれた言葉を並べているだけのことなのである。

「発問」「指示」など、指導の具体的なことについては語れないわけである。

論文を書く（お勧めはＴＯＳＳランドコンテンツを作るなど）のは一見簡単そうに見える。

しかし、やってみると実に難しいのだ。

第一は、実践したことでないとなかなか書けないということである。むろん論文やコンテンツは実践してなくてもいいのだが、しかし、授業のポイントの押さえ方がちがってくる。

第二は、自分の授業から「発問」「指示」をはっきりさせようとすると、自分が言った言葉は逃げてしまうことである。何を言ったのか思い出せないのだ。口でなら何とかごまかせる。しかし、文章にして全国の教師に示すとなるといいかげんには書けない。テニヲハ一つが問題になってくる。

第三は「発問」「指示」を再現したとしても、その「言葉」に高い価値がなければいけないということである。そのためには、同じ教材を使っての先行研究の勉強が必要となる。先行実践と自分を比べなければならない。

難しい点はまだまだある。こういう状況を克服してようやく一本の論文が作れる。一本できれば、五、六本は一気に行く。

それをサークルなどで検討してもらう。ほとんどの場合は、手厳しく批判される。自分の弱さが見えてくる。

こうして、一〇本、二〇本と書く頃には、ＴＯＳＳセミナーなどの「論文審査」に参加したくなる。少々自信のある論文を持って参加する。

そして、その結果、ほとんどの人は「Ｃ」と判定される。せっかく、セミナーへ出ても「論文審査」に応募しない人が半数はいる。密度の高い論文に圧倒され、自分の論文がいかに貧弱か実感するのである。二回目の参加の時は、見ちがえるように成長している。これは年齢に関係がない。ここまでで、およそ三〇本くらいである。

一〇〇本を超えるということは「雑誌連載」ぐらいの力を付けるということなのである。

2　書くことは研究への参加であると共に、教師修業の歩みでもある

（1）一冊の本――それは若き向山の夢

二〇代の頃、教師生活をしていた証として、一冊の本は出してみたいと思っていた。

しかし、それは望んでもかなわぬ遠い夢であった。第一、私には書くことがなかった。

学級通信を親が喜んでくれ、同僚にも愛読者が生まれたが、しょせん、素人の芸であった。

ただ、その当時の学級通信にしても「上手なイラスト、きれいな形、ほんのちょっぴりの文字」というスタイルはとらなかった。学級通信の書き方指南書には、そのような形式が載っていたが、私は頭から拒否していた。「上手なイラスト、ちょっぴりの文字」路線は、無内容であると思っていたのである。

私は「文字がいっぱい。イラストなし」路線であった。もっとも、法則化が作ったイラスト集があったら、私も利用していただろう。

私には、本にするような内容がなかっただけではなく、つても全くなかった。

私は京浜教育サークルという小さな研究団体を作っていただけだった。雑誌に論文を書くことなど、とてもできない状況であった。

しかし、そんな私ではあっても、いつの日か一冊の本は出してみたい、教育雑誌に論文を書いてみたいと思っていた。

本を書くチャンスは、突然やってきた。

教師批判がマスコミをにぎわせていた頃、「教師はこのようにあるべきだ」という本を出したいという、小さな出版社の社長が全国に執筆者を求め、私のところに回ってきたのだ。

一年かかって原稿を渡す時、私は「この本は五〇年は持つと思います」と言った。それが、自分の処女作に対する私の自負であった。

全く無名の執筆者が、小さな出版社から出した本である。宣伝は何一つとしてできなかった。それればかりか、書店が本を並べてくれないのである。

徒手空拳で、私の処女作は世に出ることになった。そういう事態に対して、私は残念だと思う気持ちは全くなかった。宣伝ができず、書店に本が並ばなくても、とにかく一冊の本は出たのである。そのことに、私は深く感謝した。

「動き」は執筆者が作ればよい。再販できないような本なら、出すべきではなかったのだ。良い本なら必ず人は求めてくれる。私は最悪ともいえる状態で処女作を出し、そして半年で再販にした。

その後何回か版を重ねた。しかし、私は印税を受け取っていない。何回か本を送ってもらい、その後は途切れた。

その昌平社の久木社長が病気になったことも聞いた。

しかし、私はいかなる状態になっても、お世話になった久木社長が望まれる以上、この本は久木社長にお願いすることに決めていた。

「よろしければ、いつまでもお持ち下さい」という手紙も書いた。私は大変に古い人間なのである。

その頃には幻の名著と言われるようになり、なかなか入手できず、苦情も聞くようになった。

しばらくして、久木社長が病気のため、社を退いたことを知った。

私は手紙や電話を差し上げ、長い間のご援助に礼を述べ、本をどうしたらいいかうかがった。

久木社長は、著者がお決めになったらいいこと。このすばらしい本が多くの人の手に渡るよう努力して下さる編集者に渡すのがいいこと。それには明治図書出版の江部・樋口氏が最適任であることを言われた。

かくして、『教師修業十年』は、久木社長の手を離れ、明治図書出版の江部・樋口氏のもとに移された。両氏は、この本が多くの人の手に渡るようにと、破格安価の「定価一五〇〇円」で出版して下さった。

一冊の本でも、これだけのドラマがある。「この本は五〇年は残ると思います」と、当時言った私の言葉が正しいかどうか、読者の方々が判定して下さるだろう。

(2) 初期三論文――向山を越えるならこれを

あこがれていた明治図書出版の教育雑誌への登場は、「投稿」という形で実現した。出口論争についての投稿である。

この時、私には強い予感が働いて、「この論文を書けるのは、日本中で私しかいない」「この論文は社会的な意味を持つ」「絶対に今、書くべきだ」という思いが頭に去来した。

「これがチャンスだ」と思ったのとは、少し意味がちがう。

「今、お前の出番なのだ。やるべきなのだ」という使命感の方が強かった。

この論文を出発点に、立て続けに三本の論文を書く。もちろんノートも作ったし、下書きもした。

「向山を越えたい」と思う若き教師諸君は、ぜひとも、この時の三本の論文を相手にしていただきたい。

現在、一日に五本も書いている向山ではなく、自分の運命を賭けて書いた論文をこそ「乗り越える対象」に選ぶべきだ。

投稿した論文は次の三本である。

一　「出口論争教室からの発言」
二　絶えざる追究過程への参加
三　高橋氏の見識はみすぼらしい小学生を越えているか

この三本は、間違いなく向山の代表的論文であろうと思う。

さて、投稿してしばらくしてから、江部氏から手紙をいただいた。茗溪学園の大西忠治氏の授業へのお誘いだった。

土曜日、常磐線に乗って土浦駅で降りて、大西氏の研究会に参加した。江部氏、樋口氏、大西氏、三人とも初対面の方であった。一方は天下の大編集者とスターライター、私は名もなき一教師であった。

夜、四人で土浦で食事をした。大西氏は、なぜか土浦から上野まで一緒に来られた。少々酔った大西氏は、樋口氏にしきりに次のように言われたという。


大西忠治の後には、向山洋一が座るのか。


大西氏と言えば世に聞こえた教育者である。私はたった三本の雑誌論文を書かせていただいた、しがない身の上である。出版の世界では、横綱と序の口ほどに格がちがう。

私はその話を聞いて、大西氏の買いかぶりだと思っていた。

しかし今になってみれば、初対面のその時に、序の口クラスの私をつかまえて、大西氏と同じような著者に私がなることを予感していたことになる。

さすがに一つの時代を創った大西氏である。人を視る目があったことになる。

上野の駅で別れる時、江部氏から何冊かの本の出版を依頼された。

いきなり何冊かのセットである。私は、自分でよければと念をおして「向山洋一のシリーズを作って下さい」とお願いした。初めての出版依頼、しかも明治図書出版からの依頼に対して、私は「向山洋一のシリーズ」を願い出たのである。

江部氏は了承された。

江部氏は私の論文三本を見て（多分、処女作も見て）、何冊かの著作を依頼した。「向山洋一シリーズ」の申し出を了承したことになる。

現在の「向山洋一」なら、このようなことはすぐできるだろう。しかし私は、「雑誌論文を三本」書いただけの無名の教師だったのである。その段階での決断である。リスクも大きかったにちがいない。

人と人との絆とは、このようなことをいくつもくぐり抜けて築かれるのである。

私のライターとしての本格的デビューは、この時に始まる。

では、それまでに私はどのくらいの分量を書いていただろうか。教師になってその時までに、原稿用紙に換算して五〇〇〇枚は軽く突破していた。一万枚を突破する頃、私の著書は次々と出るようになっていた。

(3) 応募論文の増加

TOSSが、日本の教育研究運動にとって一つの時代を画したことは、誰の目にもあきらかである。

炸裂するTOSS・法則化運動は、日本のすべての都道府県に広がり、中国、韓国、台湾にもその足跡を印《しる》そうとしている。

現在では海外を含め全国に六〇〇に近いサークルを持つ、日本屈指の研究団体に成長した。

では、当時の法則化運動は誕生から何の障害もなく順調に成長したのだろうか。

そんなことはない。やはり、今日になるまでに数々の障害を克服しなければならなかった。

法則化運動が最初にぶつかった壁は、「応募論文を書く人の確保」と「新しい論文の書き方の創造」であった。

わずか数年で一期につき五〇〇〇本の論文が集まるようになったが、五〇〇〇本など初めの頃には夢のまた夢といった望みであった。私自身はひそかに一〇〇〇本は集めたいと思ったが、ぎりぎり三〇〇本、もし五〇〇本までいったら大成功と思っていた。

しかしその三〇〇本でさえ、教育運動の歴史の中では大変な数字だった。だから私は、法則化通信に初期の段階で次のように訴えた。

このイベントを成功させる条件はたった一つです。
一本でも多くの応募論文がある
これに尽きます。今は質はどうでもいいのです。量です。

一本でも多くの応募論文があること――この一点がポイントであった。

多くの人に書いてもらうためには、「書き方」を示さなければならない。私は「連載」のすべてのページを使って、「書き方の見本」を示していった。

この当時、私の論文に対して、京浜サークルの多くの仲間は「向山は自分の実践をもっと書くべきだ」と強く批判した。京浜教育サークルの仲間でさえ、何も分かっていなかったのだ。その当時の私の緊急な仕事は、「書き方の見本」を示し「応募論文の一つの形」を作りあげることだったのである。しかも、雑誌論文だから、二カ月前に書かなくてはならない。まさに時間との勝負であった。

「一本でも多くの論文を集めること」「応募論文の形を創り出すこと」、そのために作られたのが「本合宿」であり「論文審査」である。

本合宿は、他の研究団体と異なる。他の研究団体は、一人でも多くの参加者を得ようとする。

しかし法則化の全国合宿には、「多くの参加者を集めよう」という発想はなかった。「一本でも多くの応募論文があること」「応募論文の新しい形を創り出すこと」、これが本合宿のねらいであった。

ただし、「まだ応募論文は書けない」という人のために、「研究」「研修」の場として二〇代講座が作られた。二〇代講座では、「応募論文がなくてもいい」ということが参加の条件に加えられた。

このような目的をもった「本合宿」であり、「論文審査」ではあったが、回数を重ねるに従って内容は充実したものになっていった。

映画、テレビなどは、もともと娯楽を目的として作られたものではないが、初期のねらいを越えて活用されるようになった。すぐれたシステムもこれと同じ意味をもつ。つまり「二つのシステムのねらい」も成長するのである。

3　体験——一〇〇本の論文

法則化応募論文一〇〇本をクリアした、若き女教師岡田恵美子氏の体験を紹介する。

あいまいな記憶では書けない——岡田恵美子

(1)　自分の非力さ

「先生、今日の国語おもしろかったね」

子供が目を輝かせて言いに来てくれる。たまらなく嬉しいものである。

教育技術の法則化応募論文（以下、「法則化論文」という）を書く前にも、このようなことがあった。

「うまくいった」とか「子供がのった」と思える授業である。

単純な私は、

「今日の授業は教材研究をよくしたからなあ。うまくいってよかった」

と、あっさり片付けていた。

数日すれば、その日うまくいったことなど忘れ去られてしまっていた。

教職四年目に、教育技術の法則化運動に出合う。

第一期法則化シリーズを読んだ。おもしろい実践が多く、すぐにやってみたいと思った。

それと同時に、

「なんだ、これくらいなら、私にも書けそうだ」

が第一印象だった。

「そうだ。この前やった国語の授業を書こう」

一年生を担任していた私は、まぎらわしい片仮名――ツとシ、ソとン――の学習をしたことを思い出した。その授業は確かにうまくいったのだ。

さて、原稿用紙を前に机に向かう。

「なに、なに。発問、指示は子供に言ったように書くのだな」

法則化論文の書き方を見ながら考えた。

何と言っただろう。

「ツ、シ、ソ、ンのどれとどれが仲間かな」

と言ったのか。それとも、

「似ているところはどこでしょう」

と言ったのか。

「まず、黒板に書いてもらいましょう」

だったっけ？

迷ってしまった。

「それから、子供の反応や結果を示すのだな」

また考えた。

「ソとツが仲間だって言う子もいたな。シとツが仲間だって言う子もいたぞ。確か、点が二つつくことを理由にしていたっけ。でも、どんなふうに説明していただろう」

「最後に練習させた言葉は、①ツンツン、②シーソー、③マラソンの三つだったけど、正しく書けたのは何人くらいいたのかな。授業前に比べて、間違う子は確かに減ったのだろうか」

そこで、ハタと困ってしまった。よく分からないことばかりなのである。

かくして、お手上げである。私の法則化論文第一号は、〃幻の論文〃として日の目を見ることはなかった。

「これくらいなら自分でも書ける」

は、大きな間違いだった。

法則化論文は、あいまいな記憶だけでは書けない。

それから、授業の記録をとるようにした。授業の計画を前もってノートに書いておく。きちんとした発問、指示の形でである。授業中、必要に応じて修正を加える。

黒板には、発問、子供の意見、発言者名、賛成者の人数など、できるだけ多くを書いておく。それを休み時間にノートにうつす。

授業をカセットテープにとることもある。あとでテープを聞く。ひどいものだ。何度も繰り返すうちに指示の言葉がちがってくる。発問がゴチャゴチャしている。指示があいまいなため、子供が何度もやり方を聞き返している。また、子供の思考を無視してピントはずれの発問をしていることもある。自分の授業のまずさをいやというほど知る。

こうして、ノートに記録されたものも、なかなか論文の形にならない。だらけた授業、深まりのない授業であれば、書く価値がないからである。そこで自分の非力さと面と向かわせられる。

書くことは、自分の実践を自覚することなのである。

(2) 子供を変える発問、指示

私は、まず、すぐれた実践を次々と追試した。その中で、授業が変わるという確かな手ごたえを感じることができた。

授業の骨格を作るのは、「教材・発問・指示」である。すぐれた実践の発問、指示は吟味されたものである。教師の発する一言によっていろいろな現象が起こってくる。いくつか挙げてみよう。

・子供の意見がAかBの二つに分かれて討論になる。どちらも一歩も譲らない。
・「できる子」と思われていた子が、間違うという逆転現象が起こる。
・子供が、「今まで分かっていたつもりで、実は分かっていなかった」ことに気付き、自分で追究していくようになる。

など報告されているものは多い。

追試から学んだことを生かして、授業記録を論文の形にまとめるようにした。

こういう指導をし、その結果こうなった。それはなぜか。今後はどうすればよいのか考えるようになった。書く前は、当然、忘れ去られていたものが、次にも生きてくるようになった。発問、指示の言葉を選ぶようになった。

「書く」ために、発問、指示が驚くほど意図的になる。

法則化論文を書く前の私の授業はどうだっただろう。

「一人ぼっちになったスイミーの気持ちは？」

と問う。これがその授業の主発問なのである。

「こわかった」

「とても寂しかった」

と子供は答える。

先に述べた「討論」も「逆転現象」も「追究」も起こらない。当たり前のことを当たり前に問う授業である。これでは、子供の変容は期待できないだろう。

「授業で子供を変える」とはよく言われていることである。私も、野口芳宏氏の言う「子供の向上的変容」をめざした授業がしたいと考えている。

そのために何をすべきかは、法則化論文を書く中で見えてきたことである。

(3) 子供の具体的な事実

千葉大の明石要一氏は『小学校学級経営』(明治図書出版)一九八七年二月号で私の学級通信を取り上げている。

私の教職一年目のものと四年目のものを対比させているのである。

四年目の年は、私が法則化論文、最初の二七本を書いた年である。

明石氏は述べている。

長く発行を続けると、記述の仕方は授業場面だけでなく、学校生活の場面でも変わる。

事例3は、一年目の学級通信である。これは、クラスの様子をただ列挙しているだけである。子供一人一人の姿が記述されていない。

ところが、事例4は四年目の通信である。この記事から、給食時間の様子が手にとるように判る。給食の準備がどのようにされ、誰がよく食べているか、それから、後片付けはうまくいっているか、具体的に書いている。

一年目の通信では、確かに子供の様子を抽象的に列挙した。

子供の様子を書かなかったのではない。書けなかったのである。一人一人を見ていなかった。それが書けるようになったのは、三年という歳月が経ったからだけではない。

もう一つの理由は、

「法則化論文を書き続けるようになった」ことだろう。法則化論文を書くようになって、子供の事実に目が向くようになった。法則化論文には、具体的な子供の事実を示さなければならないからである。そのため、
・○○のできない子は誰か。
・○○をした子は何人いるか。
・この作業は終えるのに何分かかるか。
といったことに目が向く。

子供の事実として、名前、人数、時間等を意識するようになるのである。

それが、先述の四年目の学級通信にも反映するようになったのだろう。

(4) 教師の技量を上げる一つの方法

悪戦苦闘しながらも、法則化論文を一〇〇本以上書いた。

・国語……42本　・理科……3本　・音楽……1本
・算数……26本　・図工……10本　・家庭……2本
・社会……4本　・体育……3本　・その他…9本

私の場合、論文数に偏りがあった。音楽や図工は現在は専科に任せている。少ないのはやむをえない。ところが、社会や理科は週三時間ずつ授業をしているのである。もう少し書けそうなものだ。

つまり、次のような図式が成り立つのではないだろうか。

> 教材研究が著しく不足している→授業がうまくいくことが少ない→論文に書くネタがない。

ここでも自分の非力さを感じる。

法則化論文を書いたら、サークルや合宿で検討を受ける。柏サークル、千葉弥生会、珊瑚という三つのサークルがあった。一回で多くの情報が得られる。知的な集団である。恵まれていると思う。サークルは私のビタミン剤でもある。

そこでは、自分の実践が検討されるのである。検討に耐える論文を書きたい。子供たちのために価値ある実践がしたいと思う。

法則化論文を書くこと、そしてサークル等で検討を受けることは、教師の技量を上げる一つの方法である。論文一〇〇本書いてもプロにはほど遠い。しかし、多くの教育技術を身に付けることの大切さをますます感じていた。

第7章

黒帯六条件　その六
――身銭を切って学べ

1　批判される教師たち

東京のある住宅地に、進学率の高い中学校がある。生徒もきちんとしていると評判である。さぞかし、立派な教育をされているのだろうと思っていた。その中学校の先生方も、どこか自信に満ちている。

ある時偶然、その中学校の保護者と会ったことがある。ＰＴＡの役員もしていたというから、学校に協力的だったのだろう。

「さぞかし、立派な学校なのでしょうね」と私が聞くと、「とんでもない」と言う。親は、もう中学校の先生方にはほとほとあきれはて、あいそをつかしているのだという。学校には何も期待せず、塾・家庭教師などでそれぞれにしのいでいるのだという。親が集まれば、「学校に期待していない」というのは当然なのだという。

「大体、中学校の先生方は、勉強もしていません。本も読んでいません。それでおっしゃることは、新聞記事程度の内容と常識的な思いつき程度の内容なのです。しかも、中味のない話をダラダラと長く話されるのです」と言う。

これは、この頃の実話である。

「学校に何も期待していない」と言う。「みんなそうです」とも言う。

私も、ここらあたりが「学校への世間の評価」なのだと思う。小学校も同じである。知らないでいい気になっているのは教師だけである。だから、臨時教育審議会で「自由化」がテーマになったのである。

つまり「せめて近くの二つの学校から一つを選べる」ということにすれば、「どうしようもなく不勉強な教師は少なくなっていく」という発想である。

「自由化」は引っ込められた。しかし「自由化」が出てきた病根は残っている。何も解決されていない。

私はこれまで「手遅れの三〇代」とか「授業のへったくそな中学教師」とか刺激的なことを言ってきた。

実はこんなことは、内心、大方の保護者が思っていることなのである。事実そうなのだからしかたがない。私は事実を見ようとしない教育界に、事実を示そうとしたわけである。くやしければ、それを直せばいい。

私は刺激的な表現をするから、敵も作るだろう。しかし、それでよい。何度でも、気に障る言葉を投げ続けるつもりである。

「まるで期待されていない学校」を、何とかしなければならないからだ。逃げたって、解決にはならない。子供たちのために、そして私たちの後輩のために、少しはまともな教育界にしておきたいと思う。

身銭を切って学ぶことは、当然なのである。とりあえずの目安として、「合宿代、講座代、本代など合計して一年に一〇〇万円程度」という線を出した。ぜひクリアしていただきたい。

2　プロなら身銭を切って学ぶのが常識である

（1）スピーチが短い人は腕がいい

ある都市銀行の頭取は「スピーチの長い者、ゴルフの準備動作の長い者は管理職にしない」と言う。

私は大賛成である。

スピーチが短くできるということの中には、さまざまな要素が入っている。ポイントを整理する能力、重点を選択する能力、相手に分かりやすく話を組み立てる能力、聞いている人への心遣い、他人の時間を無駄にしない配慮、これらのことが骨子になって短いスピーチができるのである。結婚式などで一分三〇秒以内で人を引き付けるスピーチをできる人なら、仕事をさせても一流だと思う。

ところが、教師はスピーチが長い。他の仕事の人と比べても問題外に長い。どうでもいい話がダラダラと続く。しかも、長く話すことがいいものと思っているのだから始末が悪い。

TOSSでは自己紹介は三〇秒である。それで「さすが」と思わせなければ未熟なのだ。スピーチがへたな教師（というより長い教師）が、うまい授業をできるわけがない。職員会議でも授業でも、短くスパッといきたいものである。

ＴＯＳＳセミナーの懇親会などでは必ず三〇秒スピーチがあって、そのために出席者は練習してくるとも聞く。それくらいでいいのだと思う。せっかく身銭を切ってセミナーや合宿にくるのだから、貪欲に学んでいった方が得である。

また、他の経営者に言わせると、「現役」と「卒業」との分かれ目の判断は「スピーチですると」と言う。「現役」の時は短くまとめられるが、「現役」の能力がなくなってくると、話が長くなるのだと言う。このように、たった一つのことからも、その人の能力は測れるものである。

見る人が見れば、やはり見当がつく。

問題点をずばり示してから、各論に入ってくる話し方をする人は「さすが」だと思う。「主張」に対して「根拠」を示してくる人も「さすが」だと思う。こういうことは、やはり学ばなくては身に付かない。本だけでは無理なことである。

合宿・講座に出ていく意味は、そういう所にある。

本に書いてあることでも、会って聞けば、またちがうのである。――「本とはちがう」と感じられる人が伸びていける人だともいえる。

鈍感な人には、「同じ」に見える。

（2）講演会やセミナーは定刻に開始する

講演会をいくつも経験してきた。

参加されている方々の「知的水準」や「問題意識の水準」を測るバロメーターが二つある。

一つは、会場の席がどこから埋まっていくかということである。

参加者の「知的水準」が高かったり、「問題意識の水準」が高かったり、あるいは参加意欲が強かったりする場合は、前の席から埋まっていく。逆の場合は、後ろから埋まってきて、前の席が空いている。

もう一つは、開会が「開会予定時刻」からどれだけ遅れるかということである。

「知的水準」が高かったり「問題意識の水準」が高い場合ほど、「遅れ」は少ない。逆の場合ほど、定刻から遅れる。

だから、講演会に参加をして「どの席から埋まっていくか」「開会はどれだけ遅れたか」の二つを観察するだけで、主催する団体の力量や参加者の意識を測ることができる。

ちなみに、ＴＯＳＳについて言えば、セミナーは定刻に始まる。そして、会場は最前列から埋まっていく。
TOSSセミナーに参加された方々は、たくさんおられるから証言してくださるであろう。「定刻に始まる」というのは、TOSSの不文律であり、よほどの事情がない限り遅れることはない。

向山洋一講演会というのは、ある意味で異常な世界で、いろいろな人が参加していた。明石要一氏は皆出席である。もちろん手弁当である。人ごとながら懐具合が気になる。
松山講演会では、東京から参加された方が三人いた。私たちの知らない方である。向山の講演会を、わざわざ松山まで聞きにくるわけである。松山には四国全県はもとより大阪、和歌山、岡山、広島など各地から参加されていた。
高い交通費を出して、このような行動をする人々のことを、どう思われるだろうか。「もったいない」と思われる方が多いかもしれない。しかし私は、これでいいのだと思う。高い費用を出した裏には、それなりのものがあるものである。「タダ」で聴いた講演より「身銭」を切った講演の方が身に付くものなのである、
私たち京浜教育サークルのメンバーは、二〇代の頃、あちらこちらの講座に出かけていた。

鳴子の教育科学研究会の大会に出たことがある。北海道の歴史教育者協会の大会に出たことがある。岐阜の教育研究全国集会に出たことがある。もちろん、自分の金で出かけて行ったのだ。

春と夏には、民宿を借りて合宿をしていた。私の小遣いは、こうした合宿代と本代とサークルの後の飲み代に消えていった。

でも、これでよかったのだと思う。その一つ一つが、私の勉強の場だった。だから今の私があるのである。

(3) 身銭を切る研究

「腕を上げるには、身銭を切らなければならない」ということは、いかなるプロであっても同じだろう。

プロ野球に入った大学野球のスーパースターが、プロのスーパースターに教えを乞うた。同じチームの同室の選手である。

しかし、「お金を積んで教わりにこい」と一喝されたという。

後にプロのスーパースターになったこの選手は、「プロとアマのちがいを骨身にしみて感じた」と語っている。

私の母親は七〇代半ばの時に、痛い足を引きずって老人の踊りの会に出ていた。こんな年寄りでも「月謝を払うからその気になる」ということは知っている。タダで教わる方法もあるが、そういうのはあまり身に付かないものなのだ。

教育の世界でも、タダの研究会、タダの講演会、タダの講習会はたくさんある、中には立派なものもあるが、大方は魅力のないものなのである。タダの研究会がガラ空きで、高い費用の研究会は満員なのである。

誰でもそのことを知っている。

(4) 友を選ばば書を読みて

私は一緒に仕事をする相手なら、粘り強くてしかも潔い人を選びたい。

そして本を読む人を選びたい。できれば、詩心《うたごころ》のある人がいい。好きな漢詩が出てくる人なら申し分ない。

日本教育システム社長の宝槻氏と都ホテルの料理店で食事をしたことがある。

酒を酌み交わしながら、二人が熱心に語ったのは「読んだ本」の話である。

「これを読んだか」「これは読んでないだろう」と二人で競ったわけである。最後に、相手にぜひすすめたい本を何冊か紹介してお開きとなった。

　私は月に数百冊の本を購入することもある。そんな生活がずっと続いている。いや、私は五〇年以上も前から、自分の使えるお金のほとんどを本代にまわしてきた。

　本が好きなのである。趣味なのである。だから「読んだ本」のことを、むきになって言える人に会うとうれしい。世の中で、ひとかどの地位になった人は、ほとんど読書家なのである。企業のトップともなれば、その識見、教養は、やはり他を圧している。

　あるシンポジウムで香山健一氏にお会いした。初対面である。氏の初対面のあいさつが「向山先生、私の書棚には先生の本がこれだけ並んでいます」と言って、両手を広げられた。かなりの本を揃えられていることになる。本を読まないで、向山批判を繰り返される教育学者がいる中で、そんなことを何度も体験している中での香山氏の言である。

「さすがに」と思った。

　香山氏の自由化の主張に賛成か反対かということはどうでもいい。教育界の外の方が、法則化運動の本をずらっと棚に並べて「向山先生、これだけ並んでいます」と言われたのである。本を読まずに批判する人と、知性がちがうのだと思う。教養がちがうのだと思う。

当然私は、知性のある人、教養のある人とおしゃべりをしたい。限りある人生である。私は心豊かに生きたい。

プロになるには、学ばなければならない。学ばないで、プロになることはできない。学ぶ場はいろいろある。

しかし、「プロ」になるという学びの場なら、身銭を切るしかないのである。

いかなるプロでも、身銭を切って(そうでない時は、青春時代の膨大な時間を投入して)学んできたのである。

3 教師生活三〇年、二万冊——私はこれだけの本を読んだ

私は毎日最低二冊は目を通してきた。買うのはもっと多く、月に百冊は軽く超えている。教師生活三〇年間、これを続けてきているので、単純計算で二一〇〇〇冊以上となる。実際にはもっと多いと思う。

(1) 活字への畏敬

私の父は印刷屋として腕の良い職人だったらしく、戦前、二〇代で工場長をしていた。工場は銀座にあった。

つまり当時、日本の中心街の工場のナンバーワンであったわけである。

給料は、当時の東京帝国大学卒の一〇倍であったという。今の東大卒ではない。戦前の東京帝大卒の一〇倍の給料を、同じ年齢でもらっていたのである。

だから、赤坂・柳橋でも顔であったらしい。赤坂・柳橋で顔であったというのは大変なことで、関西で言えば、京都・祇園で顔であったということだろう。

遊びがすぎて、自分でも座敷芸をやったほどである。職人としても一流、遊びも一流で

あったらしい。

私が生まれた後は、ピタッと止めて映画さえ見なかった。

私が小学生の時、母親と映画を見て帰ったところ、その映画の父の解説が詳しいのでびっくりしたことがあった。

解説といっても、アマの解説ではない。プロの解説である。子供ながら、それは分かった。映画を一度も見ぬ父親が、映画・芝居について(子供ながら)私がうなるような解説をしたのが印象的だった。

父には、一人の弟がいた。

父は苦労して、弟を夜学に通わせた。仲のいい兄弟だった。弟は、今で言う「映写機」を発明し、パテントをとり、六本木にビルを建てた。「科学者で実業家だった」といっていいだろう。戦前、運転手付きの車に乗っていた。

私の親は、それなりに仕事のプロだったといっていいだろう。そんな父親から(そして母親から)教わったことがある。

活字への畏敬である。活字の印刷してあるものを、またぐことは絶対に許されなかった。いつもは温厚な両親が、そんな時はビシッと平手打ちをくわせた。

活字への畏敬は、私の心の奥底までたたき込まれた。

そんな父が亡くなり家は貧乏であったが、本なら買ってもらえた。

私は中学一年の時から、小遣いの半分は本代に使ってきた。本を買い、本を読むというのは、私には当然のことだった。私の家の空気が(決してインテリの本好きのそれではなかったが、だからこそ)自然に私をして、本に向かわせたのだった。

(2) 本を読む

中学からの私はどこの誰と比べても、「本を読んだ」いう自信はある。

当時「文芸読本」を古本屋で見付けて、著者別に三〇冊を集めたことがある。一冊三〇円であった。今なら二〇〇〇円はするだろう。

「値上がり」が問題なのではない。五〇年前の中学生が、乏しい小遣いの中から、一軒一軒と古本屋をさがし、三〇冊もの「文芸読本」を集めたのである。

今の私なら、すぐにその本は揃えられる。しかし、暑い夏の日に、次の店へ次の店へと汗を流して得た本は、やはり心に残る。

小遣いがなかったわけであるから、図書館の本も読んだ。

都立小山台高校に入って、すぐに借りた本が、カントの『純粋理性批判』であった。高二、高三と、仲のいい友人と毎週土曜日、読書会をした。

安保闘争にゆれる時代であって、私は高校一年で生徒会長をしていた。

そんな生活の中、高校三年間で、図書館から一〇〇〇冊の本は借りたと思う。

多分、図書館の歴史上ナンバーワンであったと思う。

東大、一橋、東工大進学者を合わせると一〇〇名は超える高校であったから、知的な生徒が多かったと思う。現在付き合っている友人たちも「さすが」であると思う。

コンピューターを私に教えてくれたのも高校の友人である。学校にコンピューターのカゲもなかった頃、その友人は「日本の常識だ」と私をおどしたのである。

そんな知的な友人と比べても、読書量だけは私は負けなかった(と思う)。

大学の時、私は学生運動に身を置いていた。

当時、多分学生運動に関するものは、ほとんど目を通したと思う。

それのみか「世の中の変革」にかかわる本も、ほとんど目を通したと思う。

その時の友人の中には、命を落とした人が何人かいる。心を病んだ人もいる。私は、そんな集団の責任ある立場にいた。正直、逃げたかった。

自分だけなら何とでもなった。

しかし私は、意見の異なる人々と数十日の間、連日論争をし、私にすがりつく後輩たちの支えとなり、逃げることはしなかった。

「数十日の論争」と書いたが、毎日、一〇時間以上の論争が続くのである。その論争で、私は「負けた」と思ったことはなかった。冷静に考えて、やはり私が正しいと思った。

しかし、連日一〇時間を超える論争は、きつかった。私はたった一人、相手は外部からの人が一杯いたのである。

私を支えたのは、読書とそこからもたらされた信念だった。

だから現在の「論争」など、屁でもないと思う。命の危険もないし、人生を失うこともない。教育論争などというのは、論争にさえならないと私は思う。だから正直言って、出口論争での宇佐美氏の批判にまともに答えようとしない人がいることが、私には信じられない。

命の危険もないような、人生を失うこともないような論争なのだから、もっと気楽にやればいいのだと思う。

気楽にできないところが実力なのだろう――と思われてもしかたがない。力ある人なら、自己否定の精神を持ち合わせているのだから。

（3）世の中で活躍している人は読書家である

大学生の時も、教師になっても本は買っていた。何よりも私には収入があった。そのほとんどを本代にしていた。

収入がなくても、私は本代に投入していただろうと思う。本を買うことは私の本能であって、「書店があれば入る」というのが習慣になっていた。

たとえば高校の時、松本清張の本はすべて読んだ。

松本清張の本だけで五〇〇冊はあったと思う。短編集は厚い厚い本だった。私は全部読んだと断言できるくらい読んでいた。

高校の時、むろんマルクスもカントも、ショーペンハウエルもヘーゲルも毛沢東も読んだ。

教師になっても本は買い続けた。いろいろと買ったが、大衆小説も多かった。けばけばしい表紙の本だから、家人は軽蔑を込めて「亭主の本は満鑑飾文学だ」と言っていた。

次の作家の本なら、多分全部持っている。

清水一行、森村誠一、高木彬光、佐野　洋、西村寿行、和久峻三、小林久三、夏樹静子、仁木悦子、阿佐田哲也、黒岩重吾……。

書いていけばきりがない。私は、おそらくこの当時の第一線の作家三〇名くらいの本を、ほとんどすべて購入したと思う。

これらの作家の本を読んだ理由は次の二つである。

① これらの小説には情報があった。
② ストーリーの組み立てが知的だった。

私の本の書き方は、まぎれもなく森村誠一氏を始めとする、当時の流行作家から学んだものだった。

教育書からは、多分何一つといって学ぶことはなかったが、流行作家の本からは多くを学んだ。

この当時読んだ本は(買った本は)、三〇〇〇冊を下らない。従業員が五人ほどの町の書店の新刊ノベルを、すべて買ったという感じである。

私の文章が少しは読みやすいというのであれば、これら日本のエンターテイメントから私が貪欲に学んだということだろうと思う。

その当時、小説に出てくる場面にあこがれを感じ、私も体験してみたいと思ったことがある。

帝国ホテル、第一線のビジネスマンとの交渉、アメリカ人との仕事の話、出版社との出版の打ち合わせ、テレビの企画……。

今私は、昔見た夢のほとんどを実現したといえる。

今までに、私のところに面会を申し込みに来られた企業は数えきれない。むろん、そのすべてとお会いする時間はないが、感ずることがある方とは、できる限りお会いすることにしている。できることはできるし、駄目なことは駄目である。はっきりと言えるようになってきた。

が、本の世界のことは、実は結果であって、本当は「志」こそが大切なのである。

外の人と話す時、やはり本を読んでいる人とは話が合う。不思議に、世の中に受け入れられている忙しい方々の方が、本を読んでいるのである。

本を読んでいないと肩身がせまい。

だから、現在のTOSS中央事務局などでは誰もが必死になって本を読んでいる。

第8章

黒帯六条件　入門編

1　教師修業を始める

なにごとにも始めはある。

「教師修業」にも「始め」はある。

私は子供が帰った教室で、一つ一つ机を見ながら、子供の名前、その子との出来事を思い出そうとしたことから出発した。

人それぞれに「教師修業」はあるだろう。

いや「あるべきだ」と言う方が正しいのかもしれない。何年か経験するうちに、教室内の混乱も収まるようになり、「これでいい」と思っている方がけっこういるからである。

我流で満足している教師の授業は、やはりひどい(ことが圧倒的に多い)。今までに、研究授業を一〇回もしていないという教師の授業は、「アマ」とか「プロ」とか論じる以前である。

現在、私たちＴＯＳＳでは、研究授業一〇〇回で、どうやら「すれすれのプロのライン」に達したと考えている。

これは、アマではどうしようもできない峰である。この程度のことをクリアしてからこそ「教育論」だの「教師論」だのは語れるのである。

さて、とはいえ、プロへの道は厳しい。

厳しい道を通り抜けるから「プロ」なのである。私たちＴＯＳＳでは、プロの基準として、一応「黒帯六条件」を目安にしている。

この「黒帯六条件」を批判される方もおられよう。そういう方は、ぜひご自分が考えられる「プロ教師の条件」「プロ教師修業の目安」をお寄せいただければと思う。

世の中に研究団体はあまたあるけれど、「プロ教師の修業」について論じられるのはＴＯＳＳしかないと思っている（他にもあるのかもしれない。あったら、ぜひお教えいただきたい）。

さて、「厳しいプロへの道」にも始めはある。一挙に「プロ」に達することはない。ステップバイステップである。修業を重ねるしかない。

ＴＯＳＳ・法則化では、ステップを一〇段階に分けて「ステップ10」として目安を示した。その最初の段階、言うなれば「入門」の段階でも、けっこう大変である。何といっても「アマ」の修業ではない。「プロ修業」であるからには、歯ごたえもある。この第一段階のステップを、どのような方法でクリアしたのか、その時どのようなことを感じたのか、こういう点に焦点を当てて述べてきた。

2　黒帯六条件10のステップ

（1）すべての教師への挑戦――黒帯六条件

黒帯六条件、「プロの教師」になるには、それなりの修業が必要であることを述べてきた。また「修業」というのは、我流では駄目であって、先人から学んでいかなければならないことを述べたのである。

教師の世界では、「自分の力量はまんざらでもない。かなり上である」と思っている人が多い。中にはすぐれた技量の方々もおられるが、「かなりひどい」と思われる方々もいる。考えてみれば、まともな「教師修業」をしてこなかったのであるから、当然ともいえる。「かなりひどい」教師に限って、本も読まず、研究授業もしないのだから始末に悪い。こういう「教師のひどさ」を、世間の方々はとっくの昔に見抜いてしまって、いい気になっているのは教師だけになってしまった。

臨教審で、「自由化」が主張された背景には、このような「教師のひどさ」が広く存在する。「教師に算数を解く力がない」「教師が何を言っているのか分からない」「ちょっとしたことで五時間正座させる」――おびただしい数の実態が明らかにされ、批判された。

だから「自由化」とは、「せめて、子供が近くの二つの学校から一つの学校を選べるようにさせる」という方針である。そうすれば、あまりにもひどい教師や学校は敬遠されるから、少しはましになるというものである。

「自由化」は、多くの反対に合い、引っ込められた。では、その病根は解決されたのだろうか？

そんなことはない。あいかわらず「ひどい教師」は存在しており、そこで毎日苦痛に満ちた生活を送っている子供たちがいる。

これは、何とかしなければならない。日々の具体的な問題である。教師であるなら、誰しもこのことに苦痛を持つはずである。この子供たちをどうするのか？　教師自身が解決していくべき問題である。

「黒帯六条件」は、そのような「ぬるま湯的状況」への、具体的問題提起である。

プロの教師なら、この程度の努力をすべきだという具体的目安である。むろん、他の方法があってもいい。そういう時には、「どのような方法」を「どのくらい」修業すれば「どの程度の技量」になるのかということを具体的に示していただきたい。

そうすることによって、多くの「上達法」が存在することになり、若き教師は自分に合った方法を選択できるようになる。

「黒帯六条件」に、目をそらしたい人もいるだろうし、批判したい方もいるだろう。そういう時は、どうか具体的代案を示していただきたい。

さて「黒帯六条件」といっても、難易度がちがう。一応、「百」という数字を目安にしているが、すぐに達成できる「百」もあれば、なかなか達成できない「百」もある。

「身銭を切って」の「百」は達成しやすいであろうし、「研究授業」の「百」は、かなり大変ではないかと思う。

「研究授業」百回などというのは、人によっては途方もない数に見えるだろうし、それによって意欲が萎えてしまう人もいるだろう。

せっかく教師修業をしようとしている人の意欲を萎えさせてしまうとしたら、由々しい問題である。

プロへの道は簡単ではないのだが(だからこそプロなのだが)、そこに至る道をもう少し細分化しておきたい。

つまり、いくつかのステップに分けるわけである。こうすることによって、自分がどのくらいの位置にあるのか分かるであろう。また、当面の努力点が見えてくるにちがいない。

そこで、「黒帯六条件10のステップ」を作成した。

10のステップを更に「教師修業入門」「初級」「中級」「上級」と分けてある。

黒帯六条件ステップ10

	条件	(一) すぐれた技術方法を身につける	(二) 追試から学ぶ	(三) 公的論文を書く（コンテンツ等）
プロ	初段	100	100	100本
上級	1級		90	
	2級		80	100
	3級		70	90
中級	4級	100	60	80
	5級	80	50	70
	6級	60	40	50
初級	7級	40	30	30
	8級	30	20	20
	9級	20	10	10
入門	10級	10	5	5

ステップ

(四) 研究会に参加する	100回			100	80	60	50	40	30	20	10
(五) 研究授業をする	100回	90	80	70	60	50	40	30	20	10	5
(六) 身銭を切って学ぶ	100万円					100	80	60	40	20	10

さて、ここで、黒帯六条件について簡単におさらいをしておく。

(一)「すぐれた教育技術・方法を一〇〇は身に付ける」である。

すぐれた技術・方法であるから、「思いつき程度の方法」は含めない。

たとえば、「毎日練習して一週間で七〇パーセントの子供ができるようになるさか上がり指導法」とか、「指書き・なぞり書き・うつし書き」のような漢字習得法とか、「バスの運転士さんはどこを見ていますか」という発問とかである。

そういう方法は、他の方法と比べてどこがすぐれているのかが語れなくてはならない。

こういう方法を一〇〇は学べということである。ノートなどにそういう技術・方法を書いてみて、「指示」「発問」「留意点」などを付け加えるといい。

TOSSランドの中には、このような方法が多く示されている。

(二)は、「すぐれた授業の追試を一〇〇してみる」ということである。

谷和樹氏の社会科の授業、伴一孝氏の国語の授業、木村重夫氏の算数の授業、多くのすぐれた授業が公開されている。

それを真似してみるのである。すると、今までの授業とちがうことが分かる。自分の授業とのちがいが見えてくるのである。追試は、授業を見る目、組み立てる目などを育ててくれる。

プロの教師なら、先人のすぐれた授業について具体的に(つまり発問・指示を示しながら)語れるべきである。

プロの棋士は、江戸時代から現在までの何百、何千という勝負を再現できるのである。

プロの教師は、せめて一〇〇程度の授業を「体験をとおして」再現できるべきだろう。

㈢は「公的論文を一〇〇本書く」ということである。

口で教育論・教育方法を語ることはやさしい。いくらでもごまかしがきく。しかし文に書くと、かなりごまかしがきかなくなる。

雑誌論文や公的論文、TOSSランドコンテンツを作るためには、自分の授業を正確に再現する力も必要になる。

これは、実際に書いてみれば分かることなのだが、授業を再現しようとすると、言葉は霧の彼方に逃げてしまう。つかみどころがないのである。

TOSSランドコンテンツを一本作ることは、かなり大変なことなのである。

一〇本、二〇本と書くうちに、授業の大切なところが見えてくる。

「発問」とは何なのかが理解できるようになる。

一〇〇本を書くことができれば、雑誌の連載を担当できるくらいの力がついたと判断していいだろう。

㈣は、研究会に参加することである。

研究会に出れば、勉強になる。ただし自分の腕を上げるためには、どうしても条件が二つある。

> ① 自分の文書で提案している。
> ② 批判を自由に言える空気がある。

この二つは大切な条件であり、この二つが満たされてない時は、参加数にかぞえない。誰かが提案しているのを聞くのも勉強にはなるが、それでは「プロへのステップ」とは言えない。確実に自分の技量が向上することが必要である。

そのためには、自分が文書で提案していることが必要だ。この提案は、「指導案」でも「計画案」でも「学級通信」でも何でもよい。文書であればよい。

また、会に批判を言える自由な空気があることは、当然の条件だろう。

「お世辞」だけの会では、得ることは少ない。場合によっては、自分が傷付くことも必要なのである。むろん良い仕事をした時は、賞賛されもするだろう。

このように、「良いことは認め」「良くないことは批判する」空気が必要となる。

そうしてこそ、伸びるのである。

㈤は、研究授業を一〇〇回することである。

研究授業の大切さは、言うまでもないことだろう。授業の腕を上げたければ、他人に授業を見て批評してもらうしかないのである。

研究授業といっても、何百人も参加する大規模なものもあれば、学年の先生だけが参加する小さなものもある。ここで言う一〇〇回とは、大小とりまぜての数である。

しかし、研究授業なのだから条件はある。

次の三条件である。

① 指導案がある。
② 授業後の検討会がある。
③ 反省を文書でしている。

この三つがあれば、参観者がたとえ数人でも、研究授業と呼んでいいだろう。

また、ビデオによる検討を加えてもいいだろうと思う。

全国各地で行なわれているＴＯＳＳ授業技量検定に挑戦することも効果がある。技量検定に挑戦し続ける教師が、飛躍的に授業力を向上させている。

㈥は、身銭を切って学ぶことである。

いかなるプロでも、身銭を切って学ぶのである。

研究会に出ること、合宿に出ること、本を買うことなどがその中心になるだろう。

目安として、一年に一〇〇万円くらいの勉強代ということである。現在、第一線級のサラリーマンの本代は、月給の五パーセントという。ここらあたりが基準になると思う。

教師なら、教育雑誌の四冊や五冊、専門書の二冊や三冊を毎月買っているのが当然だろう。最新の医学情報を全く勉強しない医師というのが考えられないように、教師もやはり勉強すべきなのである。

TOSSに参加する教師の毎月の本代は、一万円から二万円前後が標準らしい。

多分、日本の教師の中で、最も勉強する層が法則化運動に集まっているのである。

（2）名人・達人は黒帯六条件をクリアしてから

さて、以上の黒帯六条件に挑戦する方々のために「黒帯六条件ステップ10」を作成した。

ご自分がどのランクなのか、判断していただきたい。

そのためには、「ノート」と「ファイル」を用意されるといいだろう。

たとえば、(一)のすぐれた授業技術である。ノートに番号をふって、書き出してみる。

他の方法と比べて、その方法がなぜすぐれているのかを書いてみる。先行実践者がいれば、それも記入していく。

こうすることによって、「プロらしい技」が見えてくるのである。

次に、誰の授業を追試したのか書いてみる。誰の授業なのか、教材は何か、どの発問がポイントなのか。

このようなことを書くことで、授業とは何かが見えてくる。今までの授業は何であったのか疑問に思えてくる。

あるいは、「応募論文」のリストを作ってみる。「教育雑誌に発表した論文」も「応募論文」に準じて考えていいだろう。一体、自分は今までにどのくらいの「教育論文」を書いたのか？

このようにして、一つ一つ研究しながら、自分がどのあたりのランクなのかを判断していただきたい。

さて、黒帯プロ初段までのステップを四つに分けてある。

入門編は、教師修業を志した人間が、とりあえず通過するステップである。

初級ランクは、「私は教師です」と言う人なら、せめてこのくらいはという目安を示してある。教師としての最低限のランクである。

中級ランクは、「私は熱心に勉強している」と言う人の目安を示している。学校の中で「研究主任」をするという人なら、このくらいの腕はほしい。

上級ランクは、多分どこに出ても、第一級の実践家として通用するだろう。「私はTOSSで教師修業をしました」と言える技量である。

黒帯は「私はプロの教師です」と胸をはって言っていいランクである。

心がけだけが良い教師、不勉強の教師には手の届かぬ境地である。

むろんこれは、プロの初段、つまりよちよち歩きのプロである。

これから先は、高段への挑戦となる。

高段になるためには、自分の得意技が必要となる。その道では超一流という内容を創り出していかねばならない。

公開授業も、大舞台で経験するようになるだろう。二〇〇回、三〇〇回の公開授業、講演などを経験して、高段の域に達する。

そしていよいよ、名人・達人への挑戦である。そのくらいの人なら、周りの人はほってはおかない。

雑誌の連載も著書も、次々と世に出ることになるだろう。運が良ければ、教育史の中に残っていく仕事もされるだろう。

ただ、これだけは言える。プロ初段までは、私はお手伝いすることはできる。そこまでは援助することはできる。しかし、それから後は、本人次第である。本当の意味でのプロ修業は、手とり足とり教えることはできないのである。プロと言える実力をつけた人間が、自分で切り拓いていくしかないのである。

「本を読む」という一つのことでも、高段の域ではレベルがちがう。何というか「読書の密度が濃い」のである。多くの本を読んでいるのは当然としても、「こんな本があった」「こんな教材があった」というものを見付け出してくる。あるいは、当たり前と思えることに、深い考察を与えてくる。

谷氏にしても、伴氏にしても、「読書の密度は濃い」と言える。

若いうちに、このレベルに到達してもらいたいと思う。やはり、若い方が伸びは速いのだ。

学校ぐるみの研究、あるいは各分野の研究で、二〇代のＴＯＳＳ教師が活躍を始めた。いずれ、本になっていくだろうが、二〇代教師、ＴＯＳＳで学ぶ学生の伸びはすごい。今までどうということのなかった教師や学生が、あれよあれよという間に力をつけてくる。

ただこういう伸び盛りは、一気に伸びなくては駄目である。二年か三年、実践・研究に熱中することである。伸びる時は一気に伸びるもので、ためらいが生じると、多くはそこで取り残されるのである。

他のプロの世界を見てお分かりだと思う。天下無敵の強さの人が、一瞬のためらい、一瞬の思い上がりのために、あっという間に駄目になってしまうのである。

全国区へのチャンス、プロ中のプロへのチャンスは誰にでもある。努力する人間にならある。どこにいてもある。しかし、そのチャンスは、（多分）一度しかない。全国区への道は、一度のチャンスをものにした人が勝つのである。

「教師修業は、果てしない」、どこまでも続く。

むろん、全国区になりたいかどうかは人それぞれであろう。

しかし、子供にとってより価値ある教師になる努力は、教師なら続けていくべき道なのである。

3　上達論の遠景

長野県茅野市で中央線を降りる。駅前のスーパーでしこたま食料を仕入れてタクシーにつめこむ。

姫木平に向けてタクシーでおよそ四〇分、山の奥に石黒修氏の山小屋がある。

六畳二間にダイニングキッチンの間取りである。

私たち京浜教育サークルの面々は、この山小屋でしばしば合宿を持った。

> 石黒・松本・向山、みんな名もない若い教師であった。暑い夏、私たちは、価値ある教師をめざして、勉強をしていた。

朝、朝食を作ってしばらく勉強をする。あっという間に昼食になる。昼食を片付けて、レポートを一、二本検討すると、もう夕食である。夕食は、バーベキューなど豪華で楽しい宴会だった。楽しいから、五時には飲み始めていた。

そんな合宿だったけど、私たちには十分勉強になった。「志」を同じくする仲間がいたからである。

約四〇年前、京浜教育サークルの夏合宿に、私は三枚の「教育技術論の為の覚書き」を提案した。以下は、その時の一枚目である。

「教育技術法則化運動」が誕生してくる一つの遠い風景である。

教育技術論の為の覚書き① 一九七八・八・二四〜二六

京浜教育サークル合宿 向山洋一

実践とは、日々の営為を充実させることをいう。研究とは、日々の実践を究明することにある。対決とは実践と研究を土台としてこそ存在する。技術は実践と研究と対決を貫く腕である。

技術をもって仕事にあたる人をプロという。技術なく仕事にあたれば、エセプロである。セミプロであり、アマである。

技術は、社会の発展と共に限りなく改良される。社会の発展から離れた技術は滅ぶ宿命にある。

従って技術とは、絶えず改良され前進し続けるか、次第に滅亡の道をたどるかの二つしかない。

とどまることは許されない運命にある。

あらゆるプロは、自分より前の腕をひきつぎ、それを可能な限り前進させ、次代に託していく責務を有している。

いかなるプロにとっても、これで良いという到達点はない。

永遠に続く登り道があるだけである。

技術がいかなる器用さをもっても真似することができず、その時代における先導的役割を果たすようになった時、その技術を芸とよぶ。

芸は技術が昇華された状態である。

教育における技術とは、〝教え育てる〟ことがその中心的な内容となる。教えかつ育てるというように、どちらも独立したことであると共に、教えて育てるというように、関連したことでもある。

人間が生きていくのに必要なものをその内容としているから、その内容は広範にわたる。人間の能力のある部分だけを育てる、というように限定されていないからである。

教育に於ける技術の習得の困難さは、この広範性と共に、「多様性をもつ」「即効的でない」という点にある。

しかし、つまりは、子供の生命力をいかに燃えあがらせ持続させるか、子供の知識・技能をいかに高めるか、という点につきる。その方法が、いかに完全であり、多様であり、本質的であるかが、問われるのである。

教える内容が先見性と科学性と本質性をもっているかが、問われるのである。

その点で、教師は技術者であると共に学問する人でなければならない。思惟と技術の間には深い関係がある。しかしそれは独立した要素をもつ。二つを短絡することは許されない。

正しい思惟が正しい技術を直ちに招きはしない。正しい技術が正しい思惟の結果であるとは限らない。技術は、それ独自で習得すべき内容があるからである。

善意の医者がすぐれた技術をもっているとは限らない。世に聞こえた名医が善意の医者であるとは限らない。

人はその生命を預ける時、善意かどうかを第一の基準とはしない。すぐれた技術をもった名医かどうかを第一の基準とする。

技術を求めるその時に、人はその技術の高低によって判断する。

意志の高い思惟と技術をそなえた名医の方がむろん多い。意志の高さが技術を引き上げさせるからである。

意志の高さにその人がおぼれた時、技術は低く止まる。

残念ながら、それは教育の世界にも見られる。

動機の正当性に於いて行為の正当性を主張するのである。

「先生は君たちのことを考えてやっているのだ」

「先生は良いと思ってやっているのだ」

動機の正当性がたとえどれほど善意でも、行為の免罪符にはならない。否、しばしば、どうしようもなく悪い結果を招く。

プロであるならば、行為のみにて、事実のみにてまず判断しよう。行為・事実を支える技術を鍛えよう。

解説

今でも輝きを失わない黒帯六条件と現在の「TOSS授業技量検定」その原点を学ぶことのできる宝石のような一冊だ

玉川大学教職大学院教授　谷　和樹

Ⅰ　「自分への投資」という意識を持つ

黒帯六条件を学んだのは二〇代の頃だった。私が最初にクリアした条件はこれである。黒帯六条件に挑戦しはじめて一年目に、ほとんど努力しないで達成した。

身銭を切って学べ(目安として本代、合宿代、講座代など合計して一年に一〇〇万円程度)

独身だった当時、私の金銭感覚は破滅的だった。一回書店に入ったら後先考えずに数万円使っていた。行けるセミナーにはどんどん参加した。お金は貯まらない。でも、全く意に介していなかった。そうしてきてよかったと今でも思っている。

「身銭を切れ」という向山氏の言葉から私が学んだのは「自分への投資」という感覚だった。その年齢でしか学べないことがある。自分にとって役立つ情報に触れたいと思うなら、どんなに移動距離が長くても出かけていくべきだ。

2　すぐれた技術・方法を学ぶことには終わりがない

すぐれた技術・方法を一〇〇学ぶ、またすぐれた授業の追試を一〇〇実施する。それが黒帯六条件のその一とその二だ。

> ①　跳び箱を飛ばせる方法を三種類
> ②　さか上がりの指導法を三種類
> ③　どの子も漢字が書けるようになる指導法

たとえばこのように書き出していき、それが合計で一〇〇になればクリアである。もちろん本を読んだだけではカウントにならない。自分で教室でやってみて、効果を実感でき、なおかつ身に付けていて、いつでも再現できる技術でなければならない。

やってみれば分かる。これは簡単じゃない。でも不可能ではない。

今ではＴＯＳＳランドやＴＯＳＳメディア、ＴＯＳＳ動画ランドなどにもおびただしい情報が溢れている。安価な教え方セミナーも全国で頻繁に開催されている。その気になって学べば、おそらく三年程度でクリアできるだろう。

ただし、一〇〇をカウントしたからと言って安心してはいけない。技術はどんどん錆びていく。授業で使い続けること、サークルでもやってみて我流がないか点検してもらうことが大切だ。さらにそれ以上に新しい技術を学び続けることも大切だ。

① 授業の開始時に席を立って歩いている子にどんな声をかけるのか
② 漢字の「許容範囲」の指導法
③ 集中が続かない子に効果的な算数テストの実施法

こうした技術は、私が若い頃には存在しなかった。どんなにベテランになったと思っても、永遠に学び続けなければならない。そのためにも本書のような原点にもどって、学ぶ意味を再確認することが大切だ。

3　TOSS授業技量検定を一回にカウントしよう

極めつきに難しいのがこれだ。

研究授業を一〇〇回せよ

校内で小さな研究授業をたくさんやるのが一番いい。そのためには、同僚との関係を作らなければならない。授業を見て下さいとお願いしなければならない。時には、自分と意見の合わない教師からの納得のできない批判を甘受しなければならない場面もあるだろう。そういったことも含めての修業なのだ。それでも、年間に一〇回やったとして一〇年かかる。

現在では「TOSS授業技量検定」が発足している。

この正式な受検をもって「一回」とカウントしていいと私は思う。授業技量検定ではなくても、向山洋一氏の前や、TOSSの高段者クラスの教師の前での模擬授業ならカウントしていいだろう。

緊張感のある場面を経験し、技量が上の人に批判されること。それが実力を伸ばすからだ。

本書は、そうしたゆるぎない上達論を学ぶことができる数少ない宝石の一つである。

上達に欠かせない「学習の場」と「身銭」

石川県かほく市立宇ノ気小学校　石坂　陽

黒帯六条件は、「プロの教師」としての出発点に立つための基礎作業である。どのような作業をすれば良いのか明確になっている。

黒帯六条件において次の二つは強くリンクしあっていると私は考えている。

その四　研究会に一〇〇回出席せよ
その六　身銭を切って学べ

ピアノが上手な人を例に取る。なぜ、ピアノが上手になるのだろうか？　それは、ピアノ教室という「学習の場」があるからだ。また、ピアノ教室という場に月謝という形で身銭を切っているからである。

サッカーが上手な人を例に取る。なぜ、サッカーが上手になるのだろうか？　それは、サッカー教室という「学習の場」があるからだ。また、サッカーの用具や遠征費などに身銭を切っているからである。

ピアノにしてもサッカーにしても、うまくなるには「学習の場」と「身銭を切る」必要がある。自然発生的には決してうまくならない。

これは、ピアノやサッカーの範囲にとどまるものではない。

上達する人は、その事柄に対して、「時間」と「労力」と「お金」を払っているのである。

私は、教師の世界にもこのような要素が絶対に必要だと考えている。

「授業がうまくなりたい」「学級経営が上手になりたい」「人前でうまく話せるようになりたい」といった願いを多くの教師が持っているはずである。

そのためには、一定の「時間」と「労力」と「お金」を払うことが必要である。

向山洋一氏は、研究会への出席において、次の条件を加えている。

> 第一は、本音で「駄目な授業だった」と語れること
> 第二は、自分が文書で提案していること

この二つのことは、極めて大切である。授業を見てもらい、どこが駄目なのかはっきり

と示してもらうこと。そうすることで、力量は飛躍的に高まっていく。駄目なところがあるのに、「良かったです」と言われると、そこで満足してしまう可能性が高い。さらに、文書による提案が必要だということだ。自らが何か提案するからこそ、参画意識も高まる。現在だと、これは「模擬授業」という形での提案もあるだろう。

私は、向山氏が提案した黒帯六条件をクリアしようと二〇代の頃を過ごしてきた。とりわけ大切にしてきたのが、「研究会への参加」である。

現在、月に二回例会を開催している。毎回一〇~二〇人ほどの参加がある。石川県内はもちろん、他県からの参加者もいる。文書や授業の提案をする参加者が非常に多い。文書や授業の提案の後に、見ていた参加者がそれぞれコメントを述べる。このコメントは、「良かったです」では終わらない。良くない所は、どこが良くないのかコメントがされる。さらに、「こうやってすれば良い」という「代案」も示される。

私は月に二回、「例会」という「学習の場」を自分に課している。これを二〇一六年現在で、五年間続けてきている。

また、二〇代の頃から多くのお金を投資してきた。セミナーに参加するための交通費や、情報を得るための書籍代。合計すると、相当な額にのぼっている。

これも、「教師としての腕」を向上させたいからである。子供や保護者にとって、少しでも価値のある教師になりたいからである。

だからこそ、今後も教師としての腕の向上のために、「時間」と「労力」と「お金」に投資し続ける。

向山氏は次のように述べている。

> 私が病気になった時、医師に求める誠実さを(勉強を)、私もまた子供に対してやっていかなければならないと思ったのである。

この言葉の意味は極めて重い。我々はどんな医師に治療してほしいだろうか? 誠実に学んでおり、確実に治療してくれる医師である。

では、子供や保護者はどのような教師に受け持ってもらいたいだろうか? 「分かる・できる授業ができ、自己肯定感を高めてくれる」という要素を持つ教師だろう。そのためにも、黒帯六条件は必須の要素である。一人でも多くの教師が黒帯六条件に挑戦されることを心から願っている。私も現状に満足せず、精進を続ける。

学芸みらい教育新書 ⑯

授《じゅ》業《ぎょう》力《りょく》上《じょう》達《たつ》の法《ほう》則《そく》1
黒《くろ》帯《おび》六《ろく》条《じょう》件《けん》

2016年9月1日　初版発行

著　者　向《むこう》山《やま》洋《よう》一《いち》
発行者　青木誠一郎

発行所　株式会社学芸みらい社
〒162-0833 東京都新宿区箪笥町31 箪笥町SKビル
電話番号 03-5227-1266
http://gakugeimirai.jp/
E-mail：info@gakugeimirai.jp

印刷所・製本所　藤原印刷株式会社

ブックデザイン・本文組版　エディプレッション（吉久隆志・古川美佐）

落丁・乱丁は弊社宛にお送りください。送料弊社負担でお取り替えいたします。

ISBN978-4-908637-20-9 C3237

学芸みらい社　既刊のご案内

書　名	著者名・監修	本体価格
教育を未来に伝える書		
あなたはこども？ それともおとな？　思春期心性の理解に向けて（シリーズ　みらいへの教育３）【全国学校図書館協議会選定図書】	金坂弥起	1,800円
大丈夫、死ぬには及ばない　今、大学生に何が起きているのか（シリーズ　みらいへの教育２）	稲垣 諭	2,000円
奇跡の演劇レッスン「親と子」「先生と生徒」のための聞き方・話し方教室（シリーズ　みらいへの教育１）	兵藤友彦	1,500円
かねちゃん先生奮闘記　生徒ってすごいよ	兼田昭一（著）	1,500円
すぐれた教材が子どもを伸ばす！	向山洋一(監修) 甲本卓司＆TOSS教材研究室（編著）	2,000円
教師人生が豊かになる　『教育論語』師匠　向山洋一曰く　――１２５の教え	甲本卓司(著)	2,000円
向山洋一からの聞き書き　第2集　2012年	向山洋一(著)　根本正雄(著)	2,000円
向山洋一からの聞き書き　第1集　2011年	向山洋一(著)　根本正雄(著)	2,000円
バンドマン修業で学んだ　プロ教師への道	吉川廣二(著)	2,000円
向こうの山を仰ぎ見て	阪部 保(著)	1,700円
教育の不易と流行	ＴＯＳＳ編集委員会(編さん)	2,000円
アニャンゴ（向山恵理子）の本		
翼はニャティティ　舞台は地球　【全国学校図書館協議会選定図書】	アニャンゴ（著）	1,500円
アニャンゴの新夢をつかむ法則　【全国学校図書館協議会選定図書】	向山恵理子（アニャンゴ）（著）	905円
もっと、遠くへ　【全国学校図書館協議会選定図書】	向山恵理子（アニャンゴ）（著）	1,400円
一　般　書		
雑食系書架記	井上泰至(著)	1,800円
日本人の心のオシャレ	小川創市（著）	1,500円
信州倶楽部叢書		
意志あるところに道は開ける	セイコーエプソン元社長　安川英昭（著）	1,500円
ノブレス・オブリージュの「こころ」	文化学園大学 理事長・学長　大沼 淳（著）	1,500円
シェスタシリーズ		
父親はどこへ消えたか　-映画で語る現代心理分析-	樺沢紫苑（著）	1,500円
国際バカロレア入門　融合による教育イノベーション	大迫弘和（著）	1,800円
ノンフィクション		
銀座のツバメ　【全国学校図書館協議会選定図書】	金子凱彦（著）佐藤信敏（写真）	1,500円
二度戦死した特攻兵　安部正也少尉	福島 昂（著）	1,400円
児　童　書		
超救助犬リープ　【全国学校図書館協議会選定図書】【日本図書館協会選定図書】【埼玉県推奨図書】	文：石黒久人　絵：あも〜れ・たか	1,300円
絵　本		
流れ星のねがいごと	大底茅里(作・絵)	1,200円